河南省"十四五"普通高等教育规划教材

企业
仿真实训

Enterprise
Simulation Training

（第二版）

张斌　仝如琼／主编

经济管理出版社
ECONOMY & MANAGEMENT PUBLISHING HOUSE

图书在版编目（CIP）数据

企业仿真实训 / 张斌，全如琼主编. —2 版. —北京：经济管理出版社，2021.12

ISBN 978-7-5096-8287-6

Ⅰ.①企… Ⅱ.①张… ②全… Ⅲ.①企业经营管理—仿真系统—应用软件 Ⅳ.①F272.7

中国版本图书馆 CIP 数据核字（2021）第 277307 号

组稿编辑：杨　雪

责任编辑：杨　雪　付姝怡

责任印制：张馨予

责任校对：陈　颖

出版发行：经济管理出版社

　　　　　（北京市海淀区北蜂窝 8 号中雅大厦 A 座 11 层　100038）

网　　　址：www. E-mp. com. cn

电　　　话：（010）51915602

印　　　刷：北京晨旭印刷厂

经　　　销：新华书店

开　　　本：787mm×1092mm /16

印　　　张：19.5

字　　　数：416 千字

版　　　次：2022 年 1 月第 1 版　　2022 年 1 月第 1 次印刷

书　　　号：ISBN 978-7-5096-8287-6

定　　　价：59.00 元

前　言

实验教学是高校提高人才培养质量的重要环节，是学生巩固和深化理论知识的重要途径，在培养学生发现问题、解决问题的能力、自主学习能力、创新能力等方面有着不可替代的作用。高校应立足于社会发展的需要，转变观念，深化教育教学改革、大力推进实验实训教学。基于此，河南财经政法大学经济管理实验教学中心与新道科技股份有限公司通过校企合作方式，基于虚拟商业社会环境 VBSE 平台开发了"企业仿真实训"课程，旨在培养学生的实际操作技能和职业技能，帮助学生打下坚实的职业能力基础。

本书配合 VBSE 综合版 V3. X 实施实训教学使用，既适用于经济管理类本、专科高年级学生集中实训或毕业前的岗前培训，也适用于企业的岗位培训以及有志于了解企业经营运作全流程的社会人士。本书抽取企业经营真实环境的基本要素和典型特征，以生产制造企业为中心，根据真实企业及其商业环境组织的职能设置、岗位胜任力要求，由参加者扮演不同的角色，参与制造企业、工贸企业（供应商）、商贸企业（客户）、服务公司、物流公司、市场监督管理局、税务局、人力资源和社会保障局、商业银行、虚拟客户、虚拟供应商等若干组织的经营管理活动。

本书完全按照企业的真实业务流程进行编写，其针对性和实用性很强。学生通过对真实商业社会环境中典型单位、部门与岗位的系统模拟，进行身临其境的岗前实训，学会基于岗位的基本业务处理，体验基于岗位的业务决策，理解岗位绩效、组织绩效之间的关系；真实感受企业"三流"（物流、信息流、资金流）之间起承转合的过程；全面认知企业经营管理活动和主要业务流程；体验企业职能部门间协作关系以及企业与政府、商务组织等社会资源组织和管理部门之间的业务关联。通过不同职业的角色岗位训练，培养学生从事经营管理所需的综合执行能力、综合决策能力和创新创业能力，使其具备全局意识和综合职业素养。

为了反映学科的新成果和应用的新方向，适应数智化人才培养的发展，保持本书的先进性、科学性和实用性，我们对本书第一版进行了修订。第二版体现了最新的会计和税收政策，同时利用互联网财务软件技术进行账务处理，体现最新财会行业发展趋势。同时，还提供了丰富的学习资料（如拓展知识介绍、教学视频、实操视频），以二维码形式呈现在书中，学生可扫描二维码进行学习；为利教便学，本书另配有丰富的教学资源。

本书由河南财经政法大学张斌、仝如琼主编。张斌负责第一章、第五章、第八章及附录的编写。仝如琼负责第二章第一节、第二节、第四节、第五节、第六节、第七节及第四章的编写，张嘉斐负责第三章的编写，叶启明、孙春艳负责第六章的编写，王豪负责第二章第三节及第七章的编写。张斌负责拟定全书系统架构的拟定，张斌、全如琼负责全部书稿的总纂和定稿。本书在编写过程中得到了河南财经政法大学教务处、新道科技股份有限公司、新道师资研修院及河南分公司的大力支持与帮助，在此表示感谢。

本书是跨专业综合实训教程，涉及经济学、管理学众多学科专业知识。由于编者认知水平和实践经验有限，难免存在疏漏之处，敬请广大读者批评指正。

| 目　录 |

第一章
课程整体介绍

第一节 课程特点

　　"企业仿真实训"是面向经济管理类专业高年级学生开设的跨专业、综合性实训课程，旨在培养高潜质、有全局观的经济管理实务型人才。该实训课程利用新道科技股份有限公司研制的虚拟商业社会环境 VBSE 系统，通过抽取企业经营真实环境的基本要素和典型特征，营造一个虚拟的商业社会环境。VBSE 系统以生产制造企业为中心，根据真实企业及其商业环境组织的职能设置、岗位胜任力要求，组建模拟组织，主要包括制造企业、工贸企业（供应商）、商贸企业（客户）、服务公司、物流公司、商业银行、市场监督管理局、税务局、人力资源和社会保障局、虚拟客户、虚拟供应商等。

　　学生通过对真实商业社会环境中典型单位、部门与岗位的系统模拟，进行身临其境的岗前实训，学会基于岗位的基本业务处理，体验基于岗位的业务决策，理解岗位绩效、组织绩效之间的关系；真实感受企业"三流"（物流、信息流、资金流）之间起承转合的过程；全面认知企业经营管理活动和主要业务流程；体验企业职能部门间协作关系以及企业与政务、服务组织之间的业务关联。通过不同职业的角色岗位训练，培养学生从事经营管理所需的综合执行能力、综合决策能力和创新创业能力，使其具备全局意识和综合职业素养。该实训课程具有以下特点：

　　（1）对抗性。参与课程的同学组建不同类型组织，构建一个社会供应链；同类型组织之间是相互竞争的关系，通过营造竞争氛围，增加课程对抗性。

　　（2）仿真性。从现实社会不同类型的组织原型中抽取核心组织的典型业务以及与外部政务服务机构的关联业务形成若干业务场景，全景仿真企业运营。

　　（3）自主式学习。课程采用开放式教学设计，教师转换角色，只是课程内容的设计者和引导者，以任务为引领，以学生为主体，倡导学生自主学习。

　　（4）职业技能培养。课程教学活动不针对特定专业，而是关注企业、企业外部环境、关键岗位、典型任务的工作流程训练，提升职业技能。

第二节　教学组织

一、学时和任务分配

VBSE 教学软件提供手工经营和信息化经营两个实训单元，每个实训单元包括固定数据经营和自主经营两个阶段。其中，固定数据经营周期为 1 个月，自主经营周期可自行设定。学校根据具体情况及学生基础，适当调整实训的学时和任务安排。如果整个实训过程安排时间较短，可只进行手工经营。

以自主经营周期三个月为例，手工经营参考方案见表 1-1。

表 1-1　手工经营参考方案

固定数据经营阶段（2.5 天）	
任　务	时　间
实习动员、商务礼仪及考核指标、系统介绍、CEO 报名、CEO 竞聘	第一天上午（8：00~12：00），4 小时
团队组建、上岗操作、领取办公用品、各团队内部会议、布置海报及 LOGO 设计、讲解企业文化、期初建账	第一天下午（14：00~18：30），4.5 小时
期初建账检查、单据互检；固定数据阶段经营准备业务	第二天上午（8：00~12：00），4 小时
固定数据阶段月初经营业务	第二天下午（14：00~18：30），4.5 小时
固定数据阶段月末经营业务	第三天上午（8：00~12：00），4 小时
自主经营阶段（2.5 天）	
任　务	时　间
固定数据阶段总结，自主经营规则讲解	第三天下午（14：00~18：30），4.5 小时
自主经营 1 月业务	第四天上午（8：00~12：00），4 小时
自主经营 2 月业务	第四天下午（14：00~18：30），4.5 小时
自主经营 3 月业务	第五天上午（8：00~12：00），4 小时
总结汇报及点评	第五天下午（14：00~18：30），4.5 小时

二、课程考核

与理论课堂教学不同，"企业仿真实训"课程需要学生分工协作和集体完成。课程考核既要从团队角度考核，又要从分岗的个人角度考核；既要考核业务处理能力，又要考核工作态度和职业素养。鉴于该实训课程的特点，为最大限度地调动学生参与实训的积极性，建议学生考核成绩由个人表现（40%）和团队表现（60%）两部分构成。

具体评价指标见表1-2。

表1-2　企业仿真实训评价指标

个人表现（总分的40%）	出勤及工作态度情况（50%）
	实训报告（30%）
	团队互评（10%）
	工作日志（10%）
	额外加分项包括才艺展示等
团队表现（总分的60%）	企业策划书（15%）
	企业文化、电子海报及规章制度建设（5%）
	企业宣传海报及LOGO设计（10%）
	办公区域卫生情况（5%）
	晨夕会及会议记录（5%）
	固定数据经营阶段单据报表填写及任务完成（20%）
	自主经营阶段单据报表填写及任务完成（20%）
	总结汇报（含PPT、视频等）（20%）
	额外加分项包括团队着装、办公场所设计等

三、课程实施

在课程实施中，"企业仿真实训"课程打破传统教学中教师和学生的角色定位，倡导以学生为主体，教师转换角色，只是课程内容的设计者和引导者。师生角色在课程实施的不同阶段发生转变，如表1-3所示。

表 1-3　课程实施中的角色转变

阶段	任务	教师	学生
实训准备	实习动员、商务礼仪、考核指标、系统介绍	组织者	
团队组建	CEO 报名、竞聘、组织招聘	组织者、引导者	企业管理者
期初建账	企业交接	董事会	企业管理者
企业运营	采购、仓储、生产、销售、人力资源、财务等业务	董事会、课程推进、顾问	企业管理者
实训总结	实训总结	组织者、引导者	企业管理者

四、课程学习方法

与理论课堂教学不同，"企业仿真实训"是要求学生亲自"做"的课程，采用"做中学，学中做，学做结合"的教学模式。因此，要求学生做好以下转变：

（1）身份转变。在教学过程中，学生是以企业管理者和岗位实施者身份参与课程，所有任务需要团队成员分工合作，共同完成。学生应转变身份，多沟通交流，学会换位思考，以职场身份思考和解决问题。

（2）心态转变。在教学过程中，每位学生都要承担一定的职能岗位，必须完成本岗位的工作，要以主人翁精神参与企业的经营管理。

（3）学习方式转变。在教学过程中，针对每一个任务，系统都提供有操作流程和操作步骤讲解，学生要转变过去"不懂就问"的学习习惯，学会自主学习、团队合作学习，要敢于尝试和探索，在错误中吸取教训。

第三节　运营规则

企业是社会经济的基本单位，企业的发展受自身条件和外部环境的制约。企业的生存与企业间的竞争不仅要遵守国家的各项法规及行政管理规定，还要遵守行业内和企业内的各种约定。在开始实训前，各岗位工作人员必须了解并熟悉这些规则，才能做到合法经营，才能在竞争中生存和发展。

本教材目前配合 VBSE 综合版 V3.X（最新版本）实施实训教学使用。但随着系统升级和国家宏观政策调整，运营规则和运营数据可能发生相应变化，可以参看系统平台或教材配套教学网站。

一、人力资源和薪酬规则

人力资源是企业生产经营活动的基本要素。公司的员工配置、工资标准及核算、员工招聘与培训，要在遵循本规则的前提下，做出科学合理的规划安排，以保证公司的生产经营活动协调、有序、高效进行。

(一) 人员配置情况

企业管理交接时（例如：2020 年 1 月），制造企业、工贸企业和商贸企业的职工配置情况分别如表 1-4、表 1-5 和表 1-6 所示。

表 1-4　制造企业职工配置情况

部门	岗位名称	岗位级别	在编人数	直接上级
企管部	总经理（兼企管部经理）	总经理	1	董事会
	行政助理	职能管理人员	1	总经理
营销部	营销部经理	部门经理	1	总经理
	市场专员	营销部员工	1	营销部经理
	销售专员	营销部员工	1	营销部经理
生产计划部	生产计划部经理	部门经理	1	总经理
	生产计划员	职能管理人员	1	生产计划部经理
	车间管理员	职能管理人员	1	生产计划部经理
	初级生产工人	工人	25	车间管理员
	中级生产工人	工人	15	车间管理员
仓储部	仓储部经理	部门经理	1	总经理
	仓管员	职能管理人员	1	仓储部经理
采购部	采购部经理	部门经理	1	总经理
	采购员	职能管理人员	1	采购部经理
人力资源部	人力资源部经理	部门经理	1	总经理
	人力资源助理	职能管理人员	1	人力资源部经理
财务部	财务部经理	部门经理	1	总经理
	出纳	职能管理人员	1	财务部经理
	财务会计	职能管理人员	1	财务部经理
	成本会计	职能管理人员	1	财务部经理

表 1-5　工贸企业职工配置情况

部门	岗位名称	岗位级别	在编人数	直接上级
行政部	总经理	总经理	1	董事会
	行政经理	部门经理	1	总经理
业务部	业务经理	部门经理	1	总经理
财务部	财务经理	部门经理	1	总经理

表 1-6　商贸企业职工配置情况

部门	岗位名称	岗位级别	在编人数	直接上级
行政部	总经理	总经理	1	董事会
	行政经理	部门经理	1	总经理
营销部	营销经理	部门经理	1	总经理
采购部	采购经理	部门经理	1	总经理
仓储部	仓储经理	部门经理	1	总经理
财务部	财务经理	部门经理	1	总经理
	出纳	职能管理人员	1	财务经理

企业如果有新的人才需求，可向服务公司提供人才需求信息，由服务公司推荐合适的人员，企业择优录用后向服务公司支付招聘费，不同类别的人员招聘费用不同。

(二) 职工薪酬

1. 职工薪酬的构成

职工薪酬是指企业为获得职工提供的服务而给予的各种形式的报酬和其他相关支出。在 VBSE 系统中，职工薪酬主要由以下几个部分构成：①工资、奖金；②医疗保险费、养老保险费、失业保险费、工伤保险费和生育保险费等社会保险费；③住房公积金；④因解除与职工的劳动关系而给予的补偿，即辞退福利。

2. 职工薪酬的计算及发放

企业人员的薪酬组成为：

年度总薪酬=月基本工资×12+季度绩效奖金×4+企业应缴福利

其中，月基本工资由人力资源部在每月月底统计，财务部门月底计提相关费用，次月初发放到个人；季度绩效奖金由人力资源部在每个季度绩效考核完成后统计，财务部门在下季度第一个月随该月工资一起核算，下月发放到个人。例如，第三季度（7~9月）绩效奖金与10月工资一同核算，并于11月初随同10月工资一起发放；企业应缴福利是根据人力资源和社会保障局相关规定，除个人应缴福利之外，企业为员工缴付的"五险一金"福利，包括医疗保险、养老保险、失业保险、工伤保险、生育保险和住房公积金。每月月初，企业通过银行代缴的方式将企业应缴福利和代扣的个人应缴福利上缴人力资源和社会保障局。

职工实际领取的薪酬是在扣除个人自主缴付福利和个人所得税之后的实际金额。

职工每月实际领取的工资=月基本工资+季度绩效奖金（2月、5月、8月、11月）-缺勤扣款-个人应缴五险一金-个人所得税

缺勤扣款=缺勤天数×（月基本工资/当月全勤工作日数）

3. 企业基本工资标准

期初制造企业、工贸企业和商贸企业的基本工资标准如表1-7所示。

表1-7　企业期初基本工资标准

人员类别	月基本工资
总经理	12000.00 元/月
部门经理	7500.00 元/月
职能管理人员	5500.00 元/月
营销部员工	4500.00 元/月
初级生产工人	3600.00 元/月
中级生产工人	4000.00 元/月
高级生产工人	4600.00 元/月

4. 绩效考核与奖金

以下考核方式与奖金发放比例仅供参考，企业可根据实际情况自行设计。

（1）制造企业。制造企业员工季度奖金发放办法如表1-8所示。

表1-8　制造企业员工季度奖金发放办法

人员类别	季度绩效奖金
生产工人	按1元/辆计件提成
营销部人员	上季度销售总额×3‰×绩效分配比例
除营销部之外的其他职能部门人员	上季度企业净利润×5%×绩效考评结果/15

营销部经理的绩效奖金为营销部季度绩效奖金的20%，市场专员和销售专员的绩效奖金为营销部季度绩效奖金的40%。

其他人员（除工人外）每个季度根据公司的业务和经营目标制定个人的绩效目标，

季度末对个人绩效进行自评，然后由部门经理、人力资源部和总经理共同评定确定个人的最终绩效，最终绩效考评结果按排名强制分布为 A、B、C、D 四级。

个人绩效考评结果与季度绩效奖金挂钩：其中，部门经理（除营销部经理）及职能管理人员（除市场专员及销售专员）的绩效考评结果与绩效奖金的应用关系如表1-9所示。

表 1-9　制造企业员工绩效考评与奖金计算办法

绩效结果	强制分布比例	奖金系数	奖金
A（优秀）	20%（3）	1.1	上季度企业净利润×5%×1.1/15
B（中等）	70%（10）	1	上季度企业净利润×5%×1/15
C（合格）	10%（2）	0.9	上季度企业净利润×5%×0.9/15
D（不合格）			建议辞退

（2）工贸、商贸企业。工贸、商贸企业的季度绩效奖金发放标准如表 1-10 所示。具体发放金额与个人业绩考核评定结果挂钩。业绩考核采取百分制，业绩评定 85 分及以上者发放全额季度绩效奖金，业绩评定低于 85 分的发放季度绩效奖金的 80%。总经理绩效得分为企业员工得分的平均数。

表 1-10　工贸、商贸企业员工季度奖金标准

人员分类	季度绩效奖金
总经理	12000.00 元
部门经理	7500.00 元
职能管理人员	5500.00 元

5. "五险一金"

有关"五险一金"缴费基数和比例，各地区操作细则并不一致，实训系统中的社会保险、住房公积金规则参照某市有关政策规定设计，并做微调。在实训中，人力资源和社会保障局职能包含社保收缴和住房公积金管理双项职能。"五险一金"缴费基数每年 3 月核定，核定后的职工月基本工资额即为缴费基数。

"五险一金"的缴费比例参考表 1-11。

表 1-11 "五险一金"缴费比例

分类	养老	失业	工伤	生育	医疗		住房公积金
					基本医疗	大额互助	
单位缴纳	20%	1%	0.3%	0.8%	9%	1%	10%
个人缴纳	8%	0.2%	0	0	2%	3元	10%

注：单位养老保险缴费 20%，其中 17% 划入统筹基金，3% 划入个人账户。实训中以员工转正后的基本工资金额数作为社会保险和住房公积金的缴费基数。

6. 个人所得税

2019 年 1 月 1 日，我国开始实行新的个税法，新的七级超额累进税率如表 1-12 所示。

表 1-12 个人所得税七级超额累进税率（2019）

	全年应纳税所得额	税率（%）	速算扣除数（元）
一	不超过 36000 元	3	0
二	超过 36000 元，至 144000 元	10	2520
三	超过 144000 元，至 300000 元	20	16920
四	超过 300000 元，至 420000 元	25	31920
五	超过 420000 元，至 660000 元	30	52920
六	超过 660000 元，至 960000 元	35	85920
七	超过 960000 元	45	181920

注：（1）本表所称全年应纳税所得额是指居民个人取得综合所得以每一纳税年度收入额减除费用 6 万元以及专项扣除、专项附加扣除和依法确定的其他扣除后的余额。

（2）专项附加扣除包括：

• 子女接受学前教育和学历教育的相关支出，按照每个子女每年 12000 元（每月 1000 元）的标准定额扣除。

• 在学历教育期间按照每年 4800 元（每月 400 元）定额扣除；技能人员职业资格继续教育、专业技术人员职业资格继续教育支出，在取得相关证书的年度，按照每年 3600 元定额扣除。

• 一个纳税年度内，在社会医疗保险管理信息系统记录的由个人负担超过 15000 元的医药费用支出（包括医保范围内的自付和医保范围外的自费）为大病医疗支出，可以按照每年 60000 元标准限额据实扣除。

• 纳税人本人或配偶发生的首套住房贷款利息支出，可按每月 1000 元标准定额扣除。

• 住房租金根据纳税人承租住房所在城市的不同，按每月 800 元到 1200 元定额扣除。

• 纳税人赡养 60 岁（含）以上父母且为独生子女的，按照每月 2000 元标准定额扣除。

个人所得税计算公式为：

全月应纳税所得额=应发工资-5000 元(免征额)-专项扣除(五险一金等)-专项附加扣除-依法确定的其他扣除

$$全年应纳税所得额 = \sum_{n=1}^{N} 全月应纳税所得额 \quad （其中，N 为当前月份）$$

累计应交个税＝全年应纳税所得额×税率−速算扣除数

本月个人所得税＝累计应交个税−累计已交个税

例：在核算职工薪酬时，某企业总经理基本工资12000元，在扣除免税项目（包括"五险一金"、缺勤扣款等）和免征额后，全月应纳税所得额4537.00元，则此人应缴纳的个人所得税如表1-13所示。

表1-13　个人所得税表 单位：元

月份	基本工资	全月应纳税所得额	全年应纳税所得额	累计已交个税	累计应交个税	本月应交个税
1	12000	4573	4573	0	137.19	137.19
2	12000	4573	9146	137.19	274.38	137.19
3	12000	4573	13719	274.38	411.57	137.19
4	12000	4573	18292	411.57	548.76	137.19
5	12000	4573	22865	548.76	685.95	137.19
6	12000	4573	27438	685.95	823.14	137.19
7	12000	4573	32011	823.14	960.33	137.19
8	12000	4573	36584	960.33	1138.4	178.07
9	12000	4573	41157	1138.4	1595.7	457.3
10	12000	4573	45730	1595.7	2053	457.3
11	12000	4573	50303	2053	2510.3	457.3
12	12000	4573	54876	2510.3	2967.6	457.3

在1月份，全年应纳税所得额为4573.00元，累计已交个税为0元，累计应交个税为4573.00×3%−0＝137.19元（从表1-13可看出其税率3%和速算扣除数0），本月应交个税137.19元。

以此类推，在12月，全年应纳税所得额为54876.00元，累计已交个税为2510.30元，累计应交个税为54876.00×10%−2520＝2967.60元（从表1-13可看出其税率10%和速算扣除数2520），本月应交个税2967.60−2510.30＝457.30元。

7. 辞退福利

企业辞退员工需支付辞退福利，辞退福利为三个月基本工资，辞退当季无绩效奖金。辞退当月的薪酬为：

辞退当月薪酬＝实际工作日数×（月基本工资/当月全勤工作日数)+辞退福利

8. 考勤管理

企业可根据实际情况自行设计。

二、销售规则

实训中的"销售"行为包括以下四种情况：工贸企业将原材料销售给制造企业（对

制造企业而言即原材料采购）、制造企业将产成品（童车）销售给商贸企业、制造企业将产成品（童车）直接销售给虚拟客户、商贸企业将产成品（童车）销售给虚拟客户。

（一）市场预测与分析

市场预测是各企业能够得到的关于商品在虚拟市场需求预测的可参考信息，包括各市场、各产品的总需求量、价格等。

营销部门可以通过 VBSE 系统平台业务系统的"市场预测"查看各虚拟市场预测，如图 1-1 所示（此图中为样例数据，自主经营阶段的市场预测由"政府"发布）。

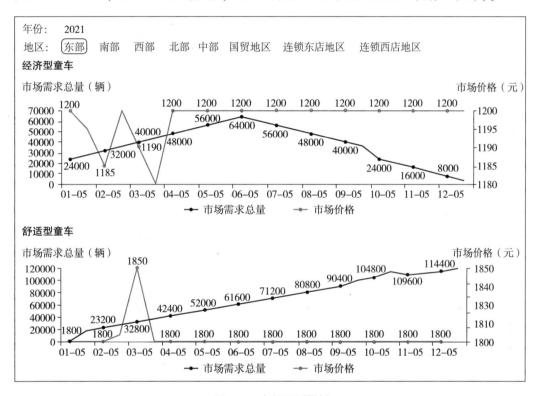

图 1-1　市场预测样例

（二）市场开拓规则

（1）虚拟市场分为东部、南部、西部、北部和中部五个市场，其中东部、南部、西部、北部四个地区由商贸企业经营，中部地区只能由制造企业经营。

（2）制造企业如果想进入中部市场进行产品销售，首先要前往服务公司缴纳相应市场开拓费用办理中部市场开拓业务。中部市场开拓与否，制造企业可依据自身及竞争对手的情况酌情决策。

（3）商贸企业如果想进入某个市场进行产品销售，首先要前往服务公司缴纳相应市场开拓费用办理该市场开拓业务。开拓区域可依企业自身及竞争对手的情况酌情决策。

（4）市场开拓后，需要通过向服务公司投放广告费的方式获得选单资格。投入广告费后，在服务公司组织下，依据得分由高到低依次轮流循环选择该市场的订单，每家企业每次选择一张虚拟订单，直至虚拟订单选完。

（5）市场开拓有效期为一年，广告投放有效期为一个虚拟日。

（6）虚拟客户的订单，可以在库存充足的情况下，提前发货、收款。

（7）在向虚拟客户的销售过程中，遵循先发货后收款的原则，在系统中未销售出库的订单不支持收款。

（三）购销合同

购销合同是确立双方购销关系的依据，购销合同中明确约定了销售数量、品种、价格、商业折扣、付款期限（账期）和付款方式等。有效合同将受到法律保护，以维护购销双方的正当权益。销售合同中的产品价格为含税价。

购销双方商谈并签订纸质合同后，采购方还需在 VBSE 系统中录入订单相关信息，并由销售方确认后作为后续交易的依据。如出现延期交货，按双方合同的约定进行处理；如出现争议，则提交市场监督管理局进行协调。

三、采购规则

企业的采购业务按采购对象可以分为原材料采购和产成品采购。实训中的"采购"行为包括以下三种情况：工贸企业从虚拟供应商采购原材料、制造企业从工贸企业采购原材料、商贸企业从制造企业采购产成品（童车）。

（1）工贸企业从虚拟供应商处采购，首先下达采购订单选择采购的商品品种及数量；其次付款；最后才能进行采购入库操作。工贸企业在付款后，依据采购订单到税务局代开虚拟供应商的增值税专用发票（销售发票）。

（2）制造企业的原材料只能从工贸企业进行采购，不能从其他类型的企业进行采购。

（3）商贸企业的商品采购途径，在固定数据阶段只能从制造企业采购，在自主经营阶段可以从制造企业和其他商贸企业采购。

四、仓储规则

（一）仓库信息

在期初交接的时候，制造企业、工贸企业和商贸企业各自拥有一座普通仓库，用于相应物料的存储。

仓库基本信息如表 1-14 所示。

表 1-14　仓库基本信息

仓库类型	使用年限（年）	仓库面积（平方米）	仓库容积（立方米）	仓库总存储单位	售价（万元）
普通仓库	20	500	3000	300000	540

存货办理入库后立即占用仓库容量，办理出库后立即恢复仓库容量。制造企业在办理生产领料的时候不会恢复仓库容量，只有在生产派工之后才会恢复仓库容量。

普通仓库可存放物资种类与数量信息如表 1-15 所示。

表 1-15　企业存放物资与数量信息

存货名称	物料编码	单位	规格	存货占用存储单位
钢管	B0001	根	Φ外 16/Φ内 11/L5000（mm）	2
镀锌管	B0002	根	Φ外 16/Φ内 11/L5000（mm）	2
坐垫	B0003	个	HJM500	4
记忆太空棉坐垫	B0004	个	HJM600	4
车篷	B0005	个	HJ72×32×40	2
车轮	B0006	个	HJΦ外 125/Φ内 60 mm	1
数控芯片	B0008	片	MCX3154A	1
经济型童车包装套件	B0007	套	HJTB100	2
舒适型童车包装套件	B0009	套	HJTB200	2
豪华型童车包装套件	B0010	套	HJTB300	2
经济型童车车架	M0001	个		10
舒适型童车车架	M0002	个		10
豪华型童车车架	M0003	个		10
经济型童车	P0001	辆		10
舒适型童车	P0002	辆		10
豪华型童车	P0003	辆		10

（二）物料清单及产品结构

物料清单（Bill Of Material，BOM）是详细记录一种产品所用到的所有原材料及相关属性的产品结构表，它反映了生产产品与其物料需求的数量和从属关系。

制造企业可生产的童车包括经济型、舒适型和豪华型三种。

1. 经济型童车物料清单及产品结构

经济型童车的物料清单如表 1-16 所示，产品结构如图 1-2 所示。

表1-16 经济型童车物料清单

结构层次	父项物料	物料编码	物料名称	规格型号	单位	用量	物料来源
0		P0001	经济型童车		辆	1	自制产成品
1	P0001	M0001	经济型童车车架		个	1	自制半成品
1	P0001	B0005	车篷	HJ72×32×40	个	1	外购原材料
1	P0001	B0006	车轮	HJΦ外125/Φ内60mm	个	4	外购原材料
1	P0001	B0007	经济型童车包装套件	HJTB100	套	1	外购原材料
2	M0001	B0001	钢管	Φ外16/Φ内11/L5000（mm）	根	2	外购原材料
2	M0001	B0003	坐垫	HJM500	个	1	外购原材料

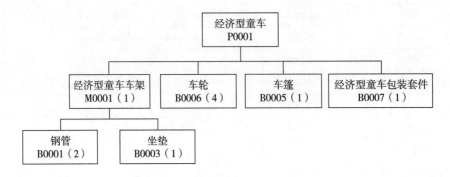

图1-2 经济型童车产品结构

2. 舒适型童车物料清单及产品结构

舒适型童车的物料清单如表1-17所示，产品结构如图1-3所示。

表1-17 舒适型童车物料清单

结构层次	父项物料	物料编码	物料名称	规格型号	单位	用量	物料来源
0		P0002	舒适型童车		辆	1	自制产成品
1	P0002	M0002	舒适型童车车架		个	1	自制半成品
1	P0002	B0005	车篷	HJ72×32×40	个	1	外购原材料
1	P0002	B0006	车轮	HJΦ外125/Φ内60mm	个	4	外购原材料
1	P0002	B0009	舒适型童车包装套件	HJTB200	套	1	外购原材料
2	M0002	B0002	镀锌管	Φ外16/Φ内11/L5000（mm）	根	2	外购原材料
2	M0002	B0003	坐垫	HJM500	个	1	外购原材料

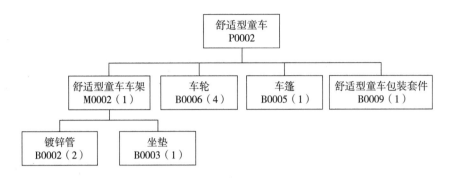

图 1-3　舒适型童车产品结构

3. 豪华型童车物料清单及产品结构

豪华型童车的物料清单如表 1-18 所示，产品结构如图 1-4 所示。

表 1-18　豪华型童车物料清单

结构层次	父项物料	物料编码	物料名称	规格型号	单位	用量	物料来源
0		P0003	豪华型童车		辆	1	自制产成品
1	P0003	M0003	豪华型童车车架		个	1	自制半成品
1	P0003	B0005	车篷	HJ72×32×40	个	1	外购原材料
1	P0003	B0006	车轮	HJΦ 外 125/Φ 内 60mm	个	4	外购原材料
1	P0003	B0008	数控芯片	MCX3154A	片	1	外购原材料
1	P0003	B0010	豪华型童车 包装套件	HJTB300	套	1	外购原材料
2	M0003	B0002	镀锌管	Φ 外 16/Φ 内 11/L5000（mm）	根	2	外购原材料
2	M0003	B0004	记忆太空棉坐垫	HJM600	个	1	外购原材料

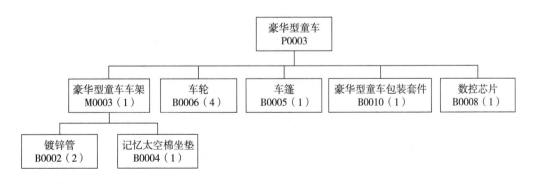

图 1-4　豪华型童车产品结构

（三）原材料及产成品

（1）制造企业仓储部负责生产所需原材料的采购入库、生产出库和保管，以及产成品的完工入库、销售出库和保管。

制造企业的物料和产成品信息如表1-19所示。

表1-19　制造企业物料及产成品相关信息

存货名称	物料编码	单位	规格	存货来源
钢管	B0001	根	Φ外16/Φ内11/L5000（mm）	外购
镀锌管	B0002	根	Φ外16/Φ内11/L5000（mm）	外购
坐垫	B0003	个	HJM500	外购
记忆太空棉坐垫	B0004	个	HJM600	外购
车篷	B0005	个	HJ72×32×40	外购
车轮	B0006	个	HJΦ外125/Φ内60 mm	外购
数控芯片	B0008	片	MCX3154A	外购
经济型童车包装套件	B0007	套	HJTB100	外购
舒适型童车包装套件	B0009	套	HJTB200	外购
豪华型童车包装套件	B0010	套	HJTB300	外购
经济型童车车架	M0001	个		自制
舒适型童车车架	M0002	个		自制
豪华型童车车架	M0003	个		自制
经济型童车	P0001	辆		自制
舒适型童车	P0002	辆		自制
豪华型童车	P0003	辆		自制

（2）工贸企业业务经理担当仓管职能，负责采购入库、保管和销售出库业务。

工贸企业的库存商品信息如表1-20所示。

表1-20　工贸企业库存商品信息

存货名称	物料编码	单位	规格	存货来源
钢管	B0001	根	Φ外16/Φ内11/L5000（mm）	外购
镀锌管	B0002	根	Φ外16/Φ内11/L5000（mm）	外购
坐垫	B0003	个	HJM500	外购
记忆太空棉坐垫	B0004	个	HJM600	外购
车篷	B0005	个	HJ72×32×40	外购

存货名称	物料编码	单位	规格	存货来源
车轮	B0006	个	HJΦ外125/Φ内60 mm	外购
数控芯片	B0008	片	MCX3154A	外购
经济型童车包装套件	B0007	套	HJTB100	外购
舒适型童车包装套件	B0009	套	HJTB200	外购
豪华型童车包装套件	B0010	套	HJTB300	外购

（3）商贸企业仓储经理担当仓管职能，负责采购入库、保管和销售出库业务。商贸企业的库存商品信息如表1-21所示。

表1-21　商贸企业库存商品信息

存货名称	物料编码	单位	规格	存货来源
经济型童车	P0001	辆		外购
舒适型童车	P0002	辆		外购
豪华型童车	P0003	辆		外购

五、生产规则

在实训中，制造企业设定为一家持续经营的企业，已拥有一间大厂房，厂房内安装有普通机床10台和组装流水线1条，设备运行状况良好。

（一）厂房信息

1. 厂房分类
厂房分大、小两种类型，具体信息如表1-22所示。

表1-22　厂房相关信息

厂房类型	价值（万元）	使用年限（年）	面积（平方米）	容量
大厂房	720	20	500	20台机床位
小厂房	480	20	300	12台机床位

2. 厂房规则
（1）期初交接的大厂房在经营期间不得出售。
（2）在经营过程中，如遇厂房容量不足的情况可以向服务公司购买厂房，服务公司只提供小厂房。
（3）厂房没有租赁业务，只能购买。

（4）厂房容量与安装设备数量之间的关系如表1-23所示。

表1-23　设备占位信息

设备类型	1台普通机床	1台数控机床	1条组装流水线
占用厂房位置	1个机床位	2个机床位	4个机床位

（二）生产设备信息

1. 生产设备的类型

根据生产经营情况的需要，企业可随时向服务公司购买新的生产设备。生产设备主要包括机床和组装流水线两类，基本信息如表1-24所示。

表1-24　生产设备基本信息

生产设备	购置费（万元）	使用年限（年）	折旧费（元/月）	生产能力（辆/虚拟1天）			出售
				经济	舒适	豪华	
普通机床	21	10	1750.00	500	500		按账面价值出售
数控机床	72	10	6000.00	3000	3000	3000	
组装流水线	51	10	4250.00	7000	7000	6000	

2. 生产设备相关规则

（1）普通机床能生产经济型和舒适型童车车架，数控机床能生产各种类型的车架，组装流水线能组装各种类型的童车。

（2）企业根据生产经营状况，可以随时向服务公司购买生产设备，设备安装周期为一个虚拟日。

（3）生产设备按月计提折旧，折旧年限为10年。

（4）生产设备对生产人员的技术能力也有相应的要求，具体如表1-25所示。

表1-25　生产设备生产人员需求

生产设备	人员级别	要求人员配置数量
普通机床	初级	2
数控机床	高级	2
组装流水线	初级	5
	中级	15

（三）产能信息

（1）生产设备根据各自生产能力进行派工。派工时，派工数量应小于等于（≤）该设备的生产能力。

（2）派工时，一条生产线只允许生产一种类型的产品。例如在一条组装流水线上安排生产 5000 台经济型童车，剩下的 2000 台产能不能用于生产舒适型童车或豪华型童车。

（3）派工时，需要根据产品的物料清单（BOM）检查原材料是否齐套，若原材料没有达到齐套要求，则不能派工。

注：齐套是指要生产某一产品时，产品物料清单（BOM）中所需的材料、用量都达到要求。

（四）工艺路线

工艺路线也称为加工路线，是一种计划管理文件，记载了企业各项自制件的加工顺序和在各个工序中的标准工时定额情况，主要用于进行工序排产和车间成本统计。在实训中，制造企业生产部门包括机加车间、组装车间两个车间，其中机加车间拥有普通（或数控）机床，生产各种类型童车车架；组装车间拥有组装流水线，将车架组装成为各种类型整车。

经济型童车、舒适型童车和豪华型童车的工艺路线分别如表 1-26、表 1-27 和表 1-28 所示。

表 1-26　经济型童车工艺路线

物料编码：P0001-经济型童车

工序	部门	工序描述	工作中心	加工工时
10	生产计划部——机加车间	车架加工	普通（或数控）机床	1 个虚拟日
20	生产计划部——组装车间	组装	组装流水线	1 个虚拟日

表 1-27　舒适型童车工艺路线

物料编码：P0002-舒适型童车

工序	部门	工序描述	工作中心	加工工时
10	生产计划部——机加车间	车架加工	普通（或数控）机床	1 个虚拟日
20	生产计划部——组装车间	组装	组装流水线	1 个虚拟日

表 1-28　豪华型童车工艺路线

物料编码：P0003-豪华型童车

工序	部门	工序描述	工作中心	加工工时
10	生产计划部——机加车间	车架加工	数控机床	1 个虚拟日
20	生产计划部——组装车间	组装	组装流水线	1 个虚拟日

（五）购买生产许可证

新产品开发是指从研究选择适应市场需要的产品开始到产品设计、工艺制造设计，再到投入正常生产的一系列决策过程。就广义而言，新产品开发既包括新产品的研制，也包括原有老产品的改进与换代。在 VBSE 系统中，通过购买生产许可证的方式来模拟新产品研发的过程。

制造企业初始默认的生产许可为经济型童车，如需要生产舒适型或豪华型童车，需要在服务公司购置相应的生产技术成果。购买后即代表企业已完成新产品的研发。舒适型、豪华型童车产品研发时间为一个虚拟日。

（六）ISO 认证

制造企业进行生产前，需由生产计划部前往服务公司支付认证费用，对企业进行 ISO9000 质量管理体系认证。因为 ISO 认证是针对企业进行的，因此认证一次即可。

（七）3C 认证

制造企业进行销售出库前，需由生产计划部前往服务公司支付认证费用，并对产品进行 3C 认证。因为 3C 认证是针对产品进行的，因此企业可根据实际需要办理相应产品的 3C 认证，经济型童车 3C 认证默认已办理。

（八）电费收费标准

在 VBSE 系统中，只考虑制造企业生产部门用电，其他忽略不计。电费由服务公司每月月末收取，收费标准按系统给定数据。

六、财务规则

财务规则主要包括会计核算制度、会计管理制度、账簿设置与会计核算程序等方面的主要规则，各公司必须按照本规则的各项规定组织会计核算，并进行会计管理。

（一）会计分期及核算程序

在会计分期假设下，企业的会计期间分为年度和中期。在实训中，固定经营会计期间为月度（如 2020 年 1 月）虚拟财务工作日为 5 日和 25 日。

会计科目的设置必须依据《企业会计准则》，参考期初数据中的科目余额表，并可根据实际业务的发生进行增加。记账凭证采用通用格式凭证，不分类。会计核算程序采用记账凭证账务处理程序，即根据各种记账凭证逐笔登记总分类账。

会计分录与核算也可以利用财务信息化软件来实现，具体操作参见附录一。

（二）筹资规则

资金是企业的血液，企业的经营与发展离不开资金的支持。企业应对财务部门的筹资预案进行充分论证，并考虑合理的资金结构，做出科学的筹资决策。

在实训中，制造企业、工贸企业和商贸企业可向银行申请抵押贷款。贷款金额0～1000万元，贷款期限1～12个月，企业可根据自身情况选择贷款金额与期限。

● 申请企业抵押贷款所需基本资料：营业执照、法人代表身份证、最近一期财务报表（均需加盖财务印鉴）；
● 抵押保证：房屋产权；
● 还款方式：一次性还本付息。

（三）固定资产折旧

固定资产可以以购买的方式取得。购买当月不计提折旧，从次月开始按照直线法计提折旧，出售当期照提折旧。

折旧相关信息如表1-29所示。

表1-29　固定资产折旧信息

分类编码	分类名称	折旧年限（月）	折旧方法	残值率（%）
01	房屋及土地	240	直线法（一）	5
02	生产设备	120	直线法（一）	0
03	办公设备	48	直线法（一）	0

（四）会计核算

1. 结算方式

企业可以采用现金、转账和网上银行等方式进行结算。原则上，在日常经济活动中，低于2000元的可以使用现金结算，超过2000元的一般使用转账支票或网上银行结算（差旅费或支付给个人的业务除外）。

银行支票分为现金支票和转账支票两种。现金支票用于提取现金，转账支票用于同一票据交换区内的结算。

2. 存货计价

存货计价采用实际成本法。存货采购成本按照实际采购价入账，但不包括按规定可以抵扣的增值税。存货发出成本按照全月一次加权平均计算。

全月一次加权平均相关计算：

存货平均单价＝（期初库存数量×库存单价＋本月实际采购入库金额）/（期初库存数

量+本月实际入库数量）

存货发出成本＝本月发出存货数量×存货平均单价

（五）成本核算规则

产品成本包括直接材料成本、直接人工成本和制造费用。

1. 直接材料成本和直接人工成本的计算

直接材料成本按照材料出库单的发出数量和平均单价计算，直接人工成本为生产车间的生产工人基本工资和单位缴纳的五险一金之和。

2. 制造费用的归集及分配

制造费用是指工业企业为生产产品（或提供劳务）而发生的，应当计入产品成本，但没有专设成本项目的各项间接生产费用。

在实训中，制造费用按照费用发生车间设置明细科目：机加车间、组装车间。机加车间发生的费用，如机加车间水电费、设备折旧及维修费等费用计入机加车间的制造费用；同样，组装车间发生的费用计入组装车间的制造费用。

厂房折旧计入制造费用，并按照各类设备占用厂房的空间比例进行分配。

生产计划部设备折旧计入制造费用，并在两个生产车间平均分配。

生产计划部电费计入制造费用，并在两个生产车间平均分配。

如果该车间只生产一种产品，本车间发生的制造费用直接计入该车间产品的生产成本；如果该车间生产两种或两种以上产品，则按照产品生产数量分配车间制造费用。

3. 完工产品与在产品之间的费用分配

采用在产品按所耗原材料费用计价法，即制造费用和人工费用全部由完工产品负担。

（六）坏账损失

企业采用备抵法核算坏账损失。坏账准备按年提取，提取额度为年末应收账款的3%。超过一年未收回的坏账确认为坏账损失。已经确认为坏账损失的应收账款，并不表明公司放弃收款的权利。如果未来某一时期收回了已作坏账处理的应收账款，应该及时恢复债权，并按照正常收回欠款进行会计核算。

（七）利润分配

公司实现利润应当按照法定程序在每年年末进行利润分配。根据公司章程规定，按照本年净利润的10%提取法定盈余公积金；根据董事会决议，提取任意盈余公积金；按照公司制定的股利政策（按照净利润总额的20%分配股利），向股东分配股利。

（八）票据使用规则

1. 支票

支票是出票人签发的，委托办理支票存款业务的银行在见票时无条件支付确定的金额给收款人或者持票人的票据。

在实训中，由银行工作人员对空白支票进行编码，并根据课程要求，面向各市场主体进行支票销售，任何企业和个人不得自制支票。各企业在开立基本存款账户后便可以在开户行购买现金支票和转账支票。企业购买支票时需要带上在银行预留的印鉴（法人章和财务章）且支付相应的费用。

在实训中，使用支票的业务主要包括职工薪酬发放、支付市场开拓费用和广告费用等业务。当企业（出票人）出纳开具转账支票交付对方企业（收款人）时，需加盖财务专用章和法人代表名章，并保留存根作为登记会计分录的原始凭证。收款人将支票和进账单送至银行时，银行柜员在审核其合法性后，办理银行转账业务。

一张支票需要填写的主要信息包括：出票日期、收款人、金额、用途、付款行名称及出票人账号，并加盖财务专用章和法人代表名章。根据《中国人民银行支付结算办法》规定，填写票据和结算凭证，必须做到标准化、规范化，要素齐全、数字正确、字迹清晰、不错漏、不潦草，防止涂改。

（1）中文大写金额数字应用正楷或行书填写，如壹、贰、叁、肆、伍、陆、柒、捌、玖、拾、佰、仟、万、亿、元、角、分、零、整（正）等字样。不得用一、二（两）、三、四、五、六、七、八、九、十、毛、另（或0）填写，不得自造简化字。如果金额数字书写中使用繁体字，也应受理。

（2）中文大写金额数字到"元"为止的，在"元"之后应写"整"（或"正"）字，在"角"之后可以不写"整"（或"正"）字。大写金额数字有"分"的，"分"后面不写"整"（或"正"）字。

（3）大写金额数字前未印"人民币"字样的，应加填"人民币"三字。大写金额数字应紧接"人民币"字样填写，不得留有空白。在票据和结算凭证大写金额栏内不得预印固定的"仟、佰、拾、万、元、角、分"字样。

（4）阿拉伯小写金额数字中有"0"时，中文大写应按照汉语语言规律、金额数字构成和防止涂改的要求进行书写。举例如下：

阿拉伯数字中间有"0"时，中文大写金额要写"零"字。如￥1409.50，应写成人民币壹仟肆佰零玖元伍角。

阿拉伯数字中间连续有几个"0"时，中文大写金额中间可以只写一个"零"字。如￥6007.14，应写成人民币陆仟零柒元壹角肆分。

阿拉伯金额数字万位或元位是"0"，或者数字中间连续有几个"0"，万位、元位也是"0"，但千位、角位不是"0"时，中文大写金额中既可以只写一个"零"字，也可以不写"零"字。如￥1680.32，应写成人民币壹仟陆佰捌拾元零叁角贰分，或者写成人民币壹仟陆佰捌拾元叁角贰分；又如￥107000.53，应写成人民币壹拾万柒仟元零伍角叁分，或者写成人民币壹拾万零柒仟元伍角叁分。

阿拉伯金额数字角位是"0"，而分位不是"0"时，中文大写金额"元"后面应写"零"字。如￥16409.02，应写成人民币壹万陆仟肆佰零玖元零贰分；又如

¥325.04，应写成人民币叁佰贰拾伍元零肆分。

（5）阿拉伯小写金额数字前面，均应填写人民币符号"¥"。阿拉伯小写金额数字要认真填写，不得连写分辨不清。

（6）票据的出票日期必须使用中文大写。为防止变造票据的出票日期，在填写月、日时，月为壹、贰和壹拾的，日为壹至玖和壹拾、贰拾、叁拾的，应在其前加"零"；日为拾壹至拾玖的，应在其前加"壹"。如1月15日，应写成零壹月壹拾伍日。再如10月20日，应写成零壹拾月零贰拾日。票据出票日期使用小写填写的，银行不予受理。大写日期未按要求规范填写的，银行可予受理，但由此造成损失的，由出票人自行承担。

转账支票示例如图1-5所示。

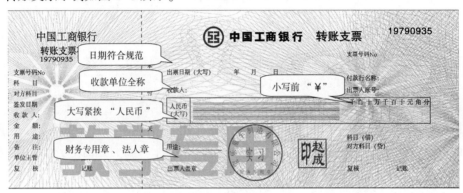

图1-5 转账支票示例

2. 发票

发票相关业务主要包括发票的领购和监督。税务局根据企业的经营规模和销售收入核定企业每月领购增值税专用发票的限额及数量，如不满足企业生产经营的需要，企业可向税务局提出增版和增量申请。

实训中使用的发票种类主要是增值税专用发票，包括记账联、抵扣联和发票联三联。第一联是记账联，是销售方核算销售收入和增值税销项税额的记账凭证，票面"金额"指的是销售货物或服务的"不含税金额"，"税额"指的是"销项税额"；第二联是抵扣联，是购买方报送主管税务机关认证和留存备查的凭证；第三联是发票联，是购买方核算采购成本和增值税进项税额的记账凭证。

增值税发票必须按照下列要求开具：

● 项目填写完全，与实际交易相符。

● 字迹清晰，不得涂改。

● 发票联和抵扣联加盖发票专用章，不得加盖其他财务印章。

● 开具增值税专用发票，必须在"金额""税额"栏、合计（小写）数前用"¥"符号封顶，在"价税合计（大写）"栏大写合计数前用"⊗"符号封顶。

增值税专用发票示例如图1-6所示。

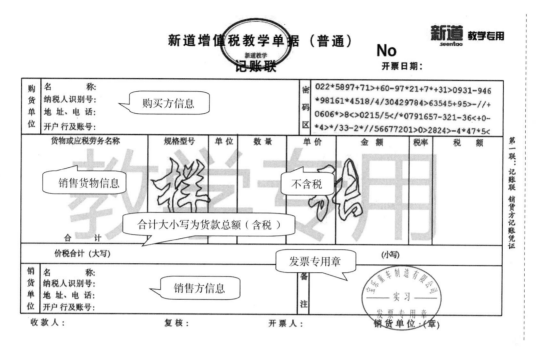

图 1-6　增值税专用发票示例

七、税务规则

1. 税种类型

制造企业、工贸企业和商贸企业从事生产经营活动，涉及国家和地方多个税种，包括企业所得税、增值税、城市维护建设税（简称城建税）、教育费及附加和个人所得税等。

各企业应按照国家税法规定的税率和税基进行税额的计算。在实训中，各种税款按照系统给定税率核算。

2. 日常纳税申报及税款缴纳

在税收征收期内，各企业应按照自身的经营情况，填制各税种申报表，并携带相关会计报表，在网上或到税务部门办理纳税申报业务。在得到税务部门开具的税收缴款通知书后，到银行缴纳税款。

依据税务部门规定，每月初进行上一月的纳税申报及缴纳。如遇特殊情况，可向税务部门申请延期纳税申报。

八、物流规则

物流运输只针对工贸企业与制造企业间的购销业务、制造企业与商贸企业间的购销业务，其他类型组织间的货物运输不通过物流公司。

物流公司与其他企业签订运输合同有效期为 1 年。费用结算以运单为依据，详见合同，如出现争议，提交市场监督管理局进行协调。

- 固定数据经营阶段，物流费用由购货方支付。
- 自主经营阶段，物流费用可由购销双方协商支付。
- 物流费为货款总金额的 5%。
- 运费分配率=运费/材料总数量。

第四节　VBSE 系统操作

在 VBSE 系统中，支持多种模式授课，既可以在本地服务器部署开课，也可以云端开课。两种授课模式方法类似，本章以本地服务器部署为例，介绍 VBSE 系统操作。

系统操作对象主要包括管理员、教师和学生。

一、管理员系统操作

管理员的主要任务是启动 VBSE 系统服务和系统初始化。

（一）启动 VBSE 系统服务

系统正常安装完成后，需要启动系统服务，才能够正常使用 VBSE 系统。

1. 双击快捷方式

首先，双击桌面启动服务快捷方式，如图 1-7 所示。

图 1-7　系统服务图标

2. 启动系统

弹出服务窗口，如图 1-8 所示，等待一段时间，直到窗口最后出现 Server startup in xxxxx ms 后，证明服务已经成功启动。

成功启动后，在浏览器中输入地址：http：//IP：8080/rt（其中 IP 为本地服务器地址）进入 VBSE 系统。

图 1-8　系统服务启动窗口

（二）系统初始化

系统初始化包括学校、学院、系别、专业和班级信息管理、用户管理等主要任务。

1. 登录系统

首先以学校管理员身份 sadmin 进入系统，系统主界面如图 1-9 所示。

图 1-9　系统主界面

2. 建立学校信息

用 sadmin 账号登录后，点击左侧主菜单"机构管理"进入学校信息维护界面，完成维护学校名称及学校 LOGO，如图 1-10 所示。

图1-10　学校信息管理

3. 建立学院、系别、专业和班级信息

点击左侧主菜单"机构管理"中的"新增院系"进入机构信息建立界面，完成学院信息、系别信息、专业信息和班级信息的建立、编辑和删除，操作界面如图1-11所示。

图1-11　学院、系别、专业和班级信息管理

4. 建立教师账号信息

点击左侧主菜单"教师管理"进入教师账号管理界面，完成审批后，普通用户成为教师或进入密码重置任务，操作界面如图1-12所示。

5. 查看授课记录信息

点击左侧主菜单"授课记录"进入授课记录界面，完成授课记录的查询、导出任务，操作界面如图1-13所示。

图 1-12　教师账号管理

图 1-13　授课记录查看

6. 备份授课数据信息

点击左侧主菜单"备份管理",进入备份管理界面,完成授课数据备份管理任务,操作界面如图 1-14 所示。

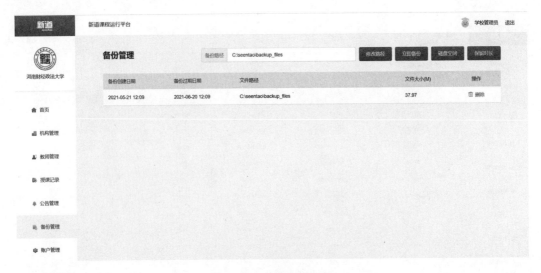

图 1-14　授课数据备份

二、教师系统操作

在 VBSE 系统中，教师是课程的组织者和管理者。通过系统所提供的相应功能，能够顺利完成课程的实训任务。

（一）申请教师账号

在用户登录界面，教师使用注册的账号进行登录，登录完成后，点击右上角的"申请教师权限"，申请成为教师。申请有两种途径，第一种是根据产品的序列码申请；第二种是填写申请信息，由管理员进行审核批准，审核通过后成为教师，拥有教师权限。

（二）教学班创建

点击左侧主菜单"首页"，进入"我的教学班"界面，可以查看未开始、进行中和已结束的教学班信息，如图 1-15、图 1-16 所示。

在"我的教学班"界面点击"创建教学班"，弹出创建教学班页面，填写基本信息创建教学班，操作界面如图 1-17 所示。

注意：

- 专业名称和前面建立的信息保持一致；
- 教学班可以设置主讲教师和助教各一名，具有相同的课程操作权限；
- 邀请码在课前告知学生，学生注册时，需要通过邀请码才可加入班级；
- 加入班级是否需要审核，选"是"时，学生需要通过教师审核才能进入教学班；
- 标识 ∗ 的内容为必须输入的信息。

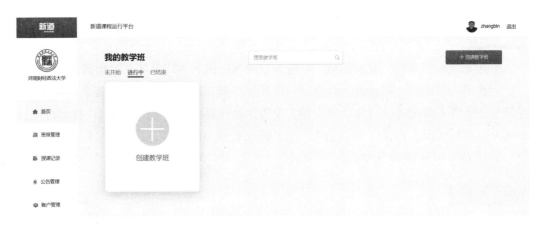

图 1-15　进行中的教学班

图 1-16　已结束的教学班

图 1-17　创建教学班

（三）课程参数设置

创建完成教学班后，返回首页，点击相应的教学班名称即可进入教学班。

首次进入教学班，则会进入教学班开课设置导航，进行组织数量设置和岗位设置。系统提供推荐参数设置，可自动完成相关设置，操作界面如图 1-18 所示；教师也可以根据开课实际情况，选择"手动合岗"，根据设置导航的步骤，依次手动完成相关设置，操作界面如图 1-19 所示。

图 1-18　自动完成课程参数设置

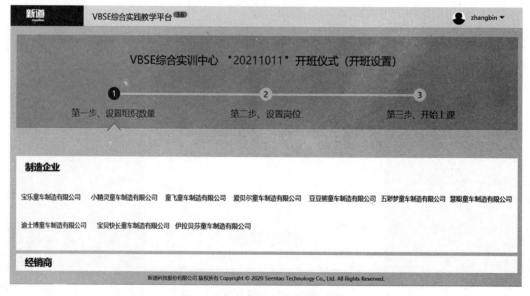

图 1-19　手动完成课程参数设置

（四）学生信息导入

教学班创建完成后，进入相应班级，点击左侧主菜单"学生管理"中的"批量导入学生"，可下载模板批量导入学生信息。

在学生信息导入中，填写教师导入学生模板时，学号是学生用来登录系统的用户名，操作界面如图1-20所示。

注意：如果采用教师导入学生信息，则学生无须注册，直接使用用户名登录就可进入相应班级。

图1-20　学生信息导入

（五）虚拟日期切换

在VBSE系统中，根据实际授课情况，首先选择虚拟日期作为当前虚拟商业社会的模拟经营日期。在固定经营阶段，系统设置的两个虚拟日期分别为2020年1月5日和1月25日，这不是代表这两天的业务，而是代表月初和月末；在自主经营阶段，系统设置的虚拟日期分别为2021年每个月的5日和25日，教师根据具体实施的教学任务安排运营周期，操作界面如图1-21所示。

教师切换虚拟日期时，需要注意：虚拟日期更换后，系统将自动清除所有任务，学生待办任务为空，教师需要推送新的任务；但在同一个虚拟日期内，可以执行多个任务清单中的任务。

（六）任务推送

在VBSE系统中，所有训练是以任务为基本单位构成的。教师通过推送任务，来完

图1-21 虚拟日期切换

成对于实训课程的整体把控。在教师端主界面左侧任务列表中，点击对应的任务分组即可看到本分组下的所有任务清单，点击任意一个任务清单名称即可看到本任务清单下的所有可推送的任务，勾选需要推送的任务或"全选"，点击"推送"即可完成任务推送，操作界面如图1-22所示。

图1-22 任务推送

任务推送完成后，该任务的首个节点推送到相应岗位端，担任此岗位的学生登录系统后，在其主界面的待办任务中会出现此任务。

（七）其他操作

1. 教学进度查询

教师登录主页面后，在此页面列出当前系统中所有企业当前正在执行的任务进度。

教师可以按照实训组织名称查询任务完成情况，查询内容可以明确到每个组织内部的每个岗位的进度，从而及时把握教学进度。

以"慧聪童车制造有限公司"为例，点击企业名称，页面显示该企业当前正在执行的任务进度（包括已完成和进行中的）；点击对应的任务名称，显示该任务的执行流程图，DCG17节点、MJD11节点是当前正在操作的节点，MWX1节点是已完成的节点，操作界面如图 1-23、图 1-24 所示。

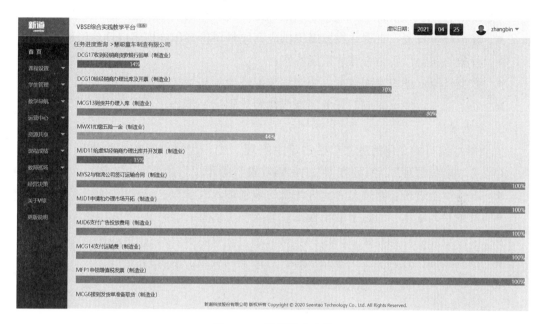

图 1-23　教学进度查询

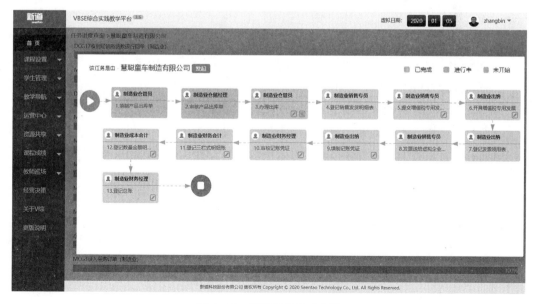

图 1-24　具体任务进度查询

2. 教学导航

在教师登录界面左侧的主菜单栏"课程设置"中，包括"组织数量设置""岗位设置""ERP 控制""虚拟环境设置""释放答案""数据还原""任务回退"等子栏目。

- 组织数量设置：查看本次课程组织数量设置；
- 岗位设置：查看本次课程各类组织岗位设置；
- ERP 控制：设置课程开展信息化运营的环境；
- 虚拟环境设置：查看并设置虚拟供应商原材料价格和虚拟客户订单信息；
- 释放答案：设置是否开放系统答案；
- 数据还原：还原课程数据，使课程数据还原到初始状态；
- 任务回退：使已完成的任务回退或初始化到第一步。

3. 学生管理

在教师登录界面左侧的主菜单栏"学生管理"中，包括"审核学生进班""批量导入学生""岗位管理""签到查询""密码重置"等子栏目。

- 审核学生进班：审批是否允许注册的学生加入教学班；
- 批量导入学生：通过下载模板批量导入学生信息；
- 岗位管理：查询各企业的岗位人员信息，并可以根据需要进行调岗；
- 签到查询：查询学生的签到信息，包括签到次数、未签到次数；
- 密码重置：重置学生登录密码。

4. 教学导航

在教师登录界面左侧的主菜单栏"教学导航"中，可完成"动员与准备""培训与经营""总结与分享"等实训阶段所使用的教学课件、教学视频、基础数据和表格的下载。

5. 运营中心

在教师登录界面左侧的主菜单栏"运营中心"中，包括"竞单查询""市场预测""经营数据查询""经营指标查询"四个子栏目。

- 竞单查询：查询各企业在各市场的销售选单情况；
- 市场预测：查看未来一年里各个市场的需求预测；
- 经营数据查询：查看各个组织经营中的银行存款、销售订单、库存、采购订单和资产与资源状况；
- 经营指标查询：查询各个组织产品研发、ISO9000 认证、CCC 认证、市场占有率、销售增长率和产销匹配率等信息。

6. 资源共享

在教师登录界面左侧的主菜单栏"资源共享"中，包括"教学案例""教师资源库"两个子栏目。

- 教学案例：包括企业基本信息、虚拟组织信息、工贸企业规则、商贸企业规则、制造企业规则和物流企业规则等案例背景信息。

● 教师资源库：包括教师资源库、团队资源库和资源搜索。在教师资源库和团队资源库中，可以上传和查看资源；在资源搜索中，输入查询关键字，点击放大镜，可以完成教学资源搜索。这些资源包含 XPS 格式的 PPT 和 Excel，方便进行各项任务了解和学习，操作界面如图 1-25 所示。

图 1-25　教学资源查询

7. 课程成绩

在教师登录界面左侧的主菜单栏"课程成绩"中，可完成考核标准设置、实训报告打分、成绩打分、成绩查询与下载的操作。

8. 教师巡场

在教师登录界面左侧的主菜单栏"教师巡场"中，可完成企业概况、单据查询、会议纪要查询和工作日志查询操作。

三、学生系统操作

在 VBSE 系统中，所有实训内容都是基于岗位以任务驱动来完成的。因此，学生首先要根据所担任岗位登录系统，然后完成在"待办工作"中出现的相应任务。

（一）学生端界面

在用户登录界面，学生输入自己的用户名、密码，点击"登录"，进入学生的主界面。

主界面包括主菜单栏和操作区两部分，如图 1-26 所示。

图 1-26　学生端界面

（二）主菜单栏

在学生主界面左侧的主菜单栏，包括首页、任务中心、任务地图、业务系统、ERP 系统、学习资源、学习成果、经营数据、经营决策、关于我们和系统说明等功能。

1. 任务中心

任务中心包含所有待办任务、已办任务和发起任务三部分任务。

2. 任务地图

任务地图包含所有类型组织的任务流程图。

3. 业务系统

业务系统为方便岗位的操作而设置，其中包含本岗位所有任务的业务操作的快捷入口。

4. ERP 系统

ERP 系统为开展岗位的信息化操作而设置，其中包含本岗位所有任务的业务 ERP 操作。

5. 学习资源

学习资源包括教学案例和资源库。其中，教学案例包括制造企业规则、商贸企业规则、工贸企业规则、物流企业规则、单据编号规则、企业基本信息和虚拟组织信息等案例背景信息；资源库包括资源搜索、团队资源和教师资源，在资源搜索中通过搜索关键字可以直接搜索到需要的资源文件，团队资源包括本企业成员上传的所有资源，教师资源中可以查看到教师上传的所有资源。

6. 学习成果

学习成果包括会议纪要、成绩查询、自评与互评、工作日志和实训报告。

● 会议纪要：企业召开会议时，行政经理岗位点击"新建会议纪要"可记录会议纪要。

● 成绩查询：可以查看本次实训的各考核项和获得的分数。

● 自评与互评：根据在实训中的表现对自己和团队中的其他成员进行评价打分。

● 工作日志：点击"创建工作簿"可创建当天工作日志，记录一天工作。教师通过教师巡场查看工作日志并打分，分数可以最终计入总成绩中。

● 实训报告：在实训过程中，可以逐步完善实训报告，实训报告可以多次保存并修改，但是提交后不再允许修改。教师可以通过教师巡场查看实训报告并打分，分数最终计入总成绩中。

7. 经营数据

经营数据包括进度管理、单据管理和经营数据。

● 进度管理：列出本企业进行中和已完成的任务。点击某一任务名称可查看当前任务的进度流程图，可根据流程图中节点颜色判断任务进度。

● 单据管理：查看本企业所有已完成的任务中所有填写的电子单据。

● 经营数据：查看本企业经营中的车间余存、销售订单、库存、采购订单、资产与资源等经营数据信息。

8. 关于我们

通过"关于我们"，可以查看企业法定代表人、社会统一信用代码、开户银行、企业注册地址、银行账号、工资发放账号等基本信息。同时，总经理岗位可编辑企业文化、管理制度、企业风采、企业新闻等内容；总经理岗位点击"生成印章"可生成企业所有岗位的电子印章。

(三) 操作区

在学生主界面右侧是操作区，包括快捷按钮、组织信息、任务中心和教学案例，如图 1-27 所示。

1. 快捷按钮

快捷按钮包括签到、消息和上岗。

● 签到：当教师端发起签到时，可以通过点击"签到"按钮进行签到，签到即为考勤分数，最终可以记录到总成绩中。

● 消息：查看和发布公告信息。

● 上岗：由于所有实训内容是基于岗位以任务驱动来完成的，因此，学生首先要应聘企业的某个岗位。线下应聘成功后，在这里选择应聘的企业和应聘的岗位，点击"下一步"，填写入职登记表后，点击"提交"即完成上岗操作。

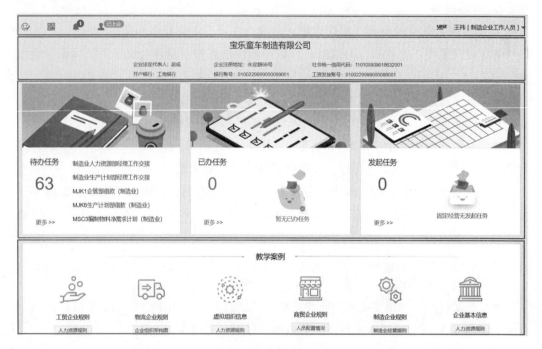

图1-27　操作区

2. 组织信息

显示本企业的企业名称、企业法定代表人、企业注册地址、社会统一信用代码、开户银行、银行账号、工资发放账号等企业基本信息。

3. 任务中心

在学生主界面的右侧上方，任务中心包括待办任务、已办任务、发起任务等功能。

（1）待办任务。在待办任务中，可以查看当前岗位所有需要完成的任务，待办任务会根据课程的进行而出现新任务，通过查看待办任务后的数字可以了解待办任务数量。

● 点击某一任务名称，可以查看本任务的流程图、教学资源，完成所涉及的单据填写和业务操作。

● 所有操作完成后点击右侧"完成"按钮，完成本任务节点的任务，并将任务传递到下一个节点。

● 如果在任务完成过程中出现错误时，可以通过下一任务节点对应的岗位点击"回退"返回到上一节点的待办任务中，然后再次操作。

操作界面如图1-28所示。

（2）已办任务。已办任务中显示所有已完成的任务名称，通过点击任务名称可再次查看本任务的流程图与教学资源，但是不能进行操作。

（3）发起任务。发起任务中显示所有可以由当前岗位发起的任务名称，点击某一

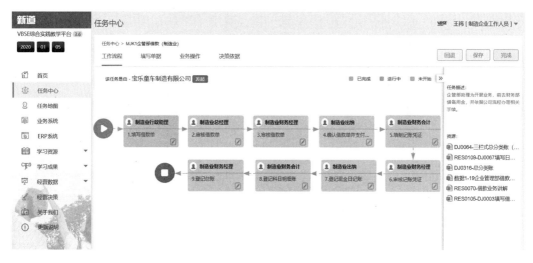

图 1-28　任务执行界面

任务名称则可以将本任务推送到自己的待办任务中。发起任务后，该任务不会消失。任务可以重复发起，但系统会提示："上次发起未结束"。发起任务主要在自主经营阶段完成。

4. 教学案例

通过教学案例，可以查看企业基本信息、虚拟组织信息、工贸企业规则、商贸企业规则、制造企业规则和物流企业规则等案例背景信息。

（四）VBSE 系统的任务类型

在 VBSE 系统中，实训任务可以分为知识型任务、考核型任务、手工操作型任务和软件操作型任务。

1. 知识型任务

知识型任务是指理论知识的学习任务，包括讲课视频、教学课件和说明文档，用于教师讲解或学生自学时参考，例如实习动员、系统操作培训等任务。

2. 考核型任务

考核型任务是指理论知识的考核任务，主要包括在线答题，用于学生自学后自我测试，例如培训测试、第一阶段考核等任务。

3. 手工操作型任务

手工操作型任务是指在理论学习基础上，需要各岗位配合，在系统中通过手工纸质单据（或电子单据）填写与传递来完成的任务，例如企管部借款、签订购销合同等任务。

4. 软件操作型任务

软件操作型任务是指需要在 VBSE 系统中进行业务操作或使用用友 U8 软件才能完成的任务。

注意：这部分任务不但需要手工纸质单据（或电子单据）的填写与传递，还需要在任务执行界面"业务操作"中执行相应的软件操作，例如录入采购订单、企业间银行转账等任务。以录入采购订单为例，操作界面如图1-29所示。

图1-29　录入采购订单操作界面

第一节　团队组建

一、CEO（组织负责人）竞选

团队组建的第一步是确定团队负责人，具体流程为：

（1）教师宣布可供竞选报名的组织名称。

（2）在自愿报名的基础上，确定 CEO（组织负责人）候选人名单（每个组织可有两名候选人）。

（3）教师宣布候选人竞选演讲规则，包括演讲顺序、演讲时间等。

（4）候选人依次上台发表竞聘演讲（如某个组织只有一位候选人则直接当选，此环节可进行就职演讲）。

（5）学生在听取所有候选人的竞聘演讲后，综合分析各个候选人的特点，在 VBSE 系统投票界面依照选举规则进行投票。

（6）教师公布投票结果并宣布当选名单。

二、现场招聘

建立优势互补的团队是各项业务顺利开展、取得良好经营绩效的关键。在实训过程中，教师根据参与实训的学生总人数确定各组织的人员上限并告知各 CEO（组织负责人），同时也可提出男女比例、班级、专业等其他的团队组建要求，各 CEO（组织负责人）在规定时间内按照要求完成组织成员招聘工作。

三、员工上岗

各企业完成招聘后，员工需在 VBSE 系统中完成上岗操作，并按照系统要求填写入职登记表，如图 2-1、图 2-2 所示，需要注意的是，应正确选择组织类型、企业名称和应聘成功的岗位。

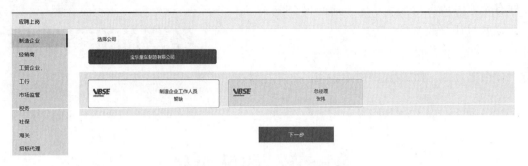

图 2-1　上岗操作——岗位选择

姓名	王玮	性别	男	
院(系)	河南财经政法大学	专业		照片点击上传
班级		*学号		
手机号码	18503887000	邮箱		
身份证号码				
已选择岗位	宝乐童车制造有限公司-制造企业工作人员			
爱好和特长				

图 2-2　上岗操作——填写入职登记表

第二节　企业文化和商务礼仪简介

一、企业文化

企业文化是企业在生产经营实践中逐步形成的，为全体员工所认同并遵守的、带有本组织特点的使命、愿景、宗旨、精神、价值观和经营理念，以及这些理念在生产经营实践、管理制度、员工行为方式与企业对外形象方面体现的总和。企业文化的功能体现在凝聚员工个体力量、激发员工积极性和首创精神、形成约束员工行为的道德和行动准则、协调员工个体目标与企业目标相一致、强化员工的敬业精神、促进企业内部关系紧密和谐、树立企业形象、提高企业知名度和美誉度等方面，最终的落脚点在于提升企业的竞争能力，取得良好的经济和社会效益。

企业管理者是企业文化的缔造者和建设者，企业管理者应从以下几个方面思考如何建设企业文化：怎样明确企业的经营策略，怎样更好地维护与合作伙伴的关系，怎样有效地对待客户，怎样更多地回报企业成员，怎样成功地激励员工，怎样协调好企业发展与社会的关系。

具体的建设措施可参考以下几点：

（1）凝练企业宗旨、企业信条、企业愿景、核心价值观等。

（2）设计企业视觉识别系统，如企业形象广告、商标、海报、包装、员工制服、工作牌、企业内部环境美化等。

（3）建立体现企业价值观的管理制度体系，包括员工行为规范、岗位操作规程、激励制度、绩效考核制度、会议制度等。

（4）建立有效的传播途径，如创办企业报刊、内部网络、公众号等，利用这些渠道定期开展员工教育培训，促使员工充分了解企业的价值理念、远景目标等，并与自己的个人价值达成共识。

（5）通过举办典礼、仪式，树立典范或优秀人物等方式，推广和展示企业文化。

（6）开展文体、知识技能竞赛、社会公益等活动。

（7）构建学习体系，给员工提供内部学习和交流机会，建立鼓励员工自主学习的机制等。

（8）发挥领导的榜样作用。企业理念必须反映到企业的日常工作和决策中，企业领导应该以身作则，使员工有效仿的榜样。具体体现在领导素质、领导艺术风格和领导民主作风等方面。

二、商务礼仪

礼仪是人际交往的艺术，是有效沟通的技巧，是约定俗成的行为规范。了解、掌握并恰当地应用礼仪有助于展现个人素养，塑造和维护自身形象，促进沟通并增进交往。根据所处领域、交往对象的不同，礼仪可以进一步细分为政务礼仪、商务礼仪、服务礼仪、社交礼仪和国际礼仪等。其中，商务礼仪特指企业的从业人员在商务交往中应当遵循的一系列礼仪规范。结合实训的场景和内容，这里主要介绍以下几方面的商务礼仪：

1. 仪表礼仪

仪表礼仪涉及修饰、化妆、举止和表情几个方面。这里的修饰主要指发型合适、面部保持整洁。头发的长度，男士尽量做到前不覆额、后不触领、侧不掩耳；女士头发不宜过肩，如果留长发，工作场合最好把头发束起来。化妆要自然、协调、避免引人注目。举止要美观、规范并与交往对象的习惯保持一致。要尽量避免不必要的身体语言。当与别人谈话时不要双手交叉，身体晃动，或是摸摸头发、耳朵、鼻子给人以不耐烦的感觉。表情主要是通过眼神和笑容体现出来的。在和别人交流的时候，要养成注视对方的习惯，学会微笑；要讲究看人的角度，不能斜视和俯视；要注意注视时间的长短，一般以谈话时长的1/3到2/3为宜。

2. 服饰礼仪

服饰在一个人的个人形象里居于重要地位。服饰，顾名思义包括服装和饰品两个部分。服装的选择应注意符合身份、扬长避短、区分场合和遵守常规，例如三色原则、三一定律等。具体到办公场合而言，服装的基本要求是庄重保守，可选择穿套装、套裙或衬衫搭配长裤等，但切忌过分杂乱、过分鲜艳、过分暴露、过分透视、过分短小和过分紧身。在饰品的搭配上要注意同质同色、符合习俗、以少为佳。男士可选择手表、公文包等；女士则可选择项链、胸针、戒指、耳环等，但应注意每种最多戴两件，全身上下不宜多于三种。

3. 介绍礼仪

人际交往始于介绍。与商务场合有关的介绍主要包括自我介绍和为他人做介绍。做介绍时，首先，要注意介绍的时机，即选择合适的时间、地点和场合；其次，要注意由谁出面来做介绍，一般是由地位低的人首先向地位高的人做介绍；最后，做介绍时要注意表达方式，即介绍时需要说什么以及如何说。

4. 握手礼仪

握手是国际国内社会交往中最为常见的礼节。握手礼的主要使用场合包括见面或告别、表示祝贺或慰问、表示尊重等。平等式握手方法为右手掌与地面垂直、四指并拢、拇指适当张开。伸手的顺序为"尊者决定"，即女士、长辈、位高者先伸手。握手时间一般以三秒到五秒为宜，且应稍许用力以表热情。

5. 电梯礼仪

电梯是工作场合经常遇到的一个较为私密的公共场所，乘坐电梯通常有以下两种情况：第一，陪同客人、领导或长辈乘坐电梯。应注意先按电梯按钮；电梯到达门打开后，先行进入电梯，一手按开门按钮，另一手按住电梯侧门，请客人、领导或长辈进入；到达目的楼层后，一手按住开门按钮，另一手做出请出的动作，可说："到了，您先请！"待客人、领导或长辈走出电梯后，自己立刻步出电梯，并热诚地引导行进的方向。第二，个人乘坐电梯。应注意进入电梯后，避免与他人对向而立；如果遇到熟人，适度寒暄并应避免谈论工作或个人相关话题。

第三节　虚拟商业社会环境组织构成

虚拟商业社会环境（VBSE）以生产制造企业为核心，抽取了企业经营真实环境的基本构成要素，分析这些组织的主要职能、岗位设置和业务流程，并结合教学需要加以适当的合并和简化，构建出一系列模拟组织，主要包括制造企业、工贸企业、商贸企业、市场监督管理局、税务局、人力资源和社会保障局、服务公司、银行、物流公司、虚拟客户和虚拟供应商等。除虚拟客户和虚拟供应商的角色由系统担任、主讲教师需对其进行参数设置外，其他各组织中的各个岗位均由学生承担。

一、制造企业

从一般意义上来说，制造业是通过生产过程将各项资源转化为市场需求的大型工具、工业品与生活消费产品的行业。制造企业区别于其他组织的典型特征在于其具有生产职能。具体到本实训项目，制造企业是 VBSE 的核心企业，行业背景设定为童车制造，属于离散型制造业。企业规模为中小型，由 7 个部门构成，分别为企管部、人力资源部、市场营销部、生产计划部、仓储部、采购部和财务部。目前，企业拥有自主产权的厂房、仓库、设备等固定资产，业务运转正常，财务状况良好。

二、工贸企业

在 VBSE 系统中，工贸企业是制造企业的上游企业，其主要业务是从虚拟供应商采购原材料，然后销售给制造企业。工贸企业并不对采购的原材料进行二次加工，其经营范围包括车轮、车篷、钢管、镀锌管、坐垫、包装套件、数控芯片等。工贸企业组织结构简单，由行政部、业务部和财务部三个部门构成。目前，企业拥有自主产权的仓库等固定资产，业务运转正常，财务状况良好。

三、商贸企业

在 VBSE 系统中，商贸企业是制造企业的下游企业，其主要业务是从各家制造企业购买童车，然后销售给虚拟客户。其经营范围包括经济型童车、舒适型童车和豪华型童车。商贸企业下设行政部、营销部、采购部、仓储部和财务部五个部门。企业拥有自主产权的仓库等固定资产，业务运转正常，财务状况良好。

四、政务和服务组织

政务和服务组织主要为配合制造企业、工贸企业和商贸企业等主体经营活动的顺利开展而设置，并通过交易活动和市场管理活动与制造企业、工贸企业和商贸企业发生联系。其中，设置的政务组织包括市场监督管理局、税务局、人力资源和社会保障局；服务组织包含银行、物流公司和服务公司（管委会）。根据实训的需要，VBSE 中各政务和服务组织的职能有简化和合并。

（一）市场监督管理局

2018 年 3 月，根据第十三届全国人民代表大会第一次会议批准的国务院机构改革方案：将国家工商行政管理总局的职责，国家质量监督检验检疫总局的职责，国家食品药品监督管理总局的职责，国家发展和改革委员会的价格监督检查与反垄断执法职责，商务部的经营者集中反垄断执法以及国务院反垄断委员会办公室等职责整合，组建国家市场监督管理总局，作为国务院直属机构。

国家市场监督管理局主要履行职责包括市场综合监督管理、市场主体统一登记注册、市场监管综合执法、反垄断统一执法、监督管理市场秩序和宏观质量管理等内容。

在实训中，根据需要设置市场监督管理局负责市场综合监督管理。其履行的职责主要包括：办理各类经营主体的回访、验照和经营主体经营行为的日常监督管理；建立各类企业经济户口和电子档案，推行企业信用等级分类监管；依法监督检查市场主体的合同行为，调解经济合同纠纷，查处违法合同；负责各类经济组织注册商标的监督管理，依法查处商标违法行为；查处各类经济违法违章行为，受理、处理消费投诉及违法行为举报，保护消费者合法权益，维护辖区内正常的经济秩序；按规定收取、上缴各项市场监督管理行政收费及罚没款；宣传市场监督管理法律、法规和公司注册等有关政策；履行法律、法规规定的其他市场监督管理职责。

（二）税务局

税务局的主要职能包括贯彻执行国家税收法律、法规和规章，并结合实际研究制定具体实施办法；研究税收理论和税收政策，分析税收信息，掌握税收动态，组织税法宣传工作；根据管辖地区经济税源和上一级下达的税收计划，编制、安排本单位税收收入计划并组织实施；负责本局辖区内的各税种的征收管理和稽查工作；负责增值税专用发票、普通发票和其他税收票证的管理工作；承办上一级国家税务局交办的其他工作。

企业作为商品的生产和经营者，必须按照国家规定履行纳税义务；对其在一定时期内取得的营业收入和实现的利润，要按照规定向国家缴纳各种税金。在这里，我们只介绍和实训课程相关的几个税种。

1. 增值税

增值税是以商品（含应税劳务）在流转过程中产生的增值额作为计税依据而征收的一种流转税，当月的销项税额减去进项税额即为当月的应缴增值税额。增值税实行价外税，也就是由消费者负担。对增值税实行凭票抵扣税款的制度，不能提供进项增值税抵扣联的，不予抵扣。纳税人按其经营规模大小以及会计核算是否健全划分为一般纳税人和小规模纳税人，并分别采取不同的增值税计税方法。纳税申报时除提供必要的纳税申报表及其附列资料外，还需提供当期增值税发票填开、抵扣明细表及原始凭证。

在实训中的所有企业均为一般纳税人。

应纳增值税额=销项税额−进项税额

2. 消费税

消费税（消费行为税）是以消费品的流转额作为征税对象的各种税收的统称，是典型的间接税。消费税实行价内税，在一般情况下只在应税消费品的生产、委托加工和进口环节缴纳，在以后的批发、零售等环节不再缴纳，税款最终由消费者承担。

3. 企业所得税

企业所得税是指对中华人民共和国境内的一切企业（不包括外商投资企业和外国企业），就其来源于中国境内外的生产经营所得和其他所得而征收的一种税。应纳税所得额为企业每一个纳税年度的收入总额，减除不征税收入、免税收入、各项扣除以及允许弥补的以前年度亏损后的余额。企业所得税按年计征，分月或分季预缴，年终汇算清缴，多退少补。

企业应纳所得税额＝当期应纳税所得额×适用税率

应纳税所得额＝收入总额−予扣除项目金额

4. 城市维护建设税

城市维护建设税（以下简称城建税）是我国为了加强城市的维护建设，扩大和稳定城市维护建设资金的来源，对有经营收入的单位和个人征收的一个税种。

应纳税额 ＝ （实际缴纳的增值税税额+消费税税额）×适用税率

5. 教育费附加

国务院于 1986 年 4 月 28 日颁布了《征收教育费附加的暂行规定》，并于同年 7 月 1 日起开征。教育费附加是对缴纳增值税、消费税的单位和个人征收的一种附加费，目的是发展地方性教育事业，扩大地方教育经费的资金来源。

应纳教育费附加＝ （实际缴纳的增值税税额+消费税税额）×适用税率

6. 印花税

印花税是对经济活动和经济交往中书立、领受具有法律效力的凭证的行为所征收的一种税，因采用在应税凭证上粘贴印花税票作为完税的标志而得名。

印化税以应纳税凭证所记载的金额、费用、收入额和凭证的件数为计税依据，按照适用税率或者税额标准计算应纳税额。

在实训中，根据需要设置税务局，主要负责个人所得税、企业增值税、企业所得税等税款征缴、增值税抵扣认证、税务稽查、发票申领等业务。各种税率和起征金额参考第一章第三节运营规则。

(三) 人力资源和社会保障局

在现实生活中，人力资源和社会保障局与住房公积金管理中心是彼此独立运作的机构，各自承担不同的职能。在实训中，对两者的职能进行了简化合并，统一由人力资源和社会保障局承担。

社会保险是一种为丧失劳动能力、暂时失去劳动岗位或因健康原因造成损失的人口提供收入或补偿的一种社会和经济制度。社会保险计划由政府举办，强制某一群体将其收入的一部分作为社会保险税（费）形成社会保险基金。在满足一定条件的情况下，被保险人可从基金获得固定的收入或损失的补偿。它是一种再分配制度，目标是保证物质及劳动力的再生产和社会的稳定。社会保险的主要项目包括养老保险、医疗保险、失业保险、工伤保险和生育保险。

住房公积金是指国家机关、国有企业、城镇集体企业、外商投资企业、城镇私营企业及其他城镇企业、事业单位、民办非企业单位、社会团体及其在职职工缴存的长期住房储金，具有强制性、互助性、保障性。单位和职工个人必须依法履行缴存住房公积金的义务。职工个人缴存的住房公积金以及单位为其缴存的住房公积金实行专户存储，归职工个人所有。

1. 人力资源和社会保障局的基本职能

在实训中，人力资源和社会保障局的基本职能涵盖了住房公积金管理中心的基本职能，主要包括：①宣传贯彻执行国家劳动和社会保障、住房公积金管理工作的基本方针和法规；②监督检查用人单位劳动和社会保障法律、法规和政策执行情况，并依法行使社会保障监督检查职权；③统筹管理劳动力资源的开发利用和就业工作；④对企业职工工资及其他劳动报酬进行宏观调控、管理，搞好企业工资统计工作；⑤企业职工住房公积金的综合管理工作。

2. 社会保险费申报规定

用人单位应当按月在规定期限内到当地社会保险经办机构办理缴费申报，申报事项包括：①用人单位名称、社会统一信用代码、地址及联系方式；②用人单位开户银行、户名及账号；③用人单位的缴费险种、缴费基数、费率、缴费数额；④职工名册及职工缴费情况；⑤社会保险经办机构规定的其他事项。

在一个缴费年度内，用人单位初次申报后，其余月份可以只申报前款规定事项的变动情况；无变动的，可以不申报。职工应缴纳的社会保险费由用人单位代为申报。代职工申报的事项包括：职工姓名、社会保障号码、用工类型、联系地址、代扣代缴明细等。用人单位申报材料齐全、缴费基数和费率符合规定、填报数量关系一致的，社会保险经办机构核准后出具缴费通知单；用人单位申报材料不符合规定的，退用人单位补正。用人单位应当自用工之日起 30 日内为其职工申请办理社会保险登记并申报缴纳社会保险费。在本实训中，缴存比例参考第一章第三节运营规则。

3. 住房公积金缴存规定

住房公积金缴存范围为下列单位及其在职职工（不含在以下单位工作的外籍员工）：①机关、事业单位；②国有企业、城镇集体企业、外商投资企业、港澳台商投资企业、城镇私营企业及其他城镇企业或经济组织；③民办非企业单位、社会团体；④外国及港、澳、台商投资企业和其他经济组织常驻代表机构；⑤部分地区的城镇个体工商户、自由职业人员。

住房公积金由两部分组成，一部分由职工所在单位缴存，另一部分由职工个人缴存。职工个人缴存部分由单位代扣后，连同单位缴存部分一并缴存到住房公积金个人账户内。职工和单位住房公积金的缴存比例均不得低于职工上一年度月平均工资的5%；有条件的城市，可以适当提高缴存比例。具体缴存比例由住房公积金管理委员会拟订，经本级人民政府审核后，报省、自治区、直辖市人民政府批准。在本实训中，缴存比例参考第一章第三节运营规则。

（四）服务公司

在实训中，服务公司类似政府的派出机构——工业园区管委会，它代表政府管理实训中虚拟工业园区的企业。服务公司按照"小政府、大服务"的原则，建立精干、高效、统一的集管理、服务及监督职能于一体的组织管理机构。

服务公司职能界定为：制定和发布有助于保障实训课程顺利进行的行政和社会事务管理规定；指导、协调有关部门设在工业园区的分支机构与企业的关系；兴办基础设施收购和租赁、新市场开发和社会公益事业；负责环境卫生，城建管理监察、综合治理，依法实行环境保护；负责劳动用工人才招聘、劳动监察、安全生产和企业文化评比等事项。具体业务包括办公用品的发放；组织开展各项评比活动；设备、厂房、仓库的出售和回购；市场开拓和广告服务；人才招聘；产品研发；3C 和 ISO 认证以及水电费的收取等业务。

（五）银行

银行作为重要金融机构，按类型与职责主要可分为中央银行、政策性银行、商业银行和投资银行。

中央银行是指在国家中居主导地位的金融中心机构，是国家干预和调控国民经济发展的重要工具，负责制定并执行国家货币信用政策，独具货币发行权，实行金融监管。在我国，中国人民银行即中央银行。

政策性银行是指由政府创立，以贯彻政府的经济政策为目标，在特定领域开展金融业务的不以营利为目的的专业性金融机构。在我国，政策性银行包括中国进出口银行、中国农业发展银行和国家开发银行。

商业银行是指通过存款、贷款、汇兑、储蓄等业务，承担信用中介的金融机构，主要的业务范围是吸收公众存款、发放贷款以及办理票据贴现等。在我国，主要包括中国工商银行、中国农业银行、中国建设银行等。

投资银行是指在资本市场上为企业发行债券、股票，筹集长期资金提供中介服务的金融机构，主要从事证券承销、公司购并与资产重组、公司理财、基金管理等业务。

在实训中，根据需要设置中国工商银行，其主要业务包括转账、贷款、委托收款、代发工资和出售支票等业务。其中，薪酬发放、产品研发、市场开发、广告投放、ISO认证、3C认证、水电费、招聘费、设备购置、厂房购置、仓库购置等业务通过转账支票完成转账业务；缴纳行政罚款、货款结算、运费结算等业务通过网上银行完成转账业务。

（六）物流公司

物流公司是指从事运输（含运输代理、货物快递）或仓储经营业务，并能够按照客户物流需求对运输、储存、装卸、包装、流通加工、配送等基本功能进行组织和管理，具有与自身业务相适应的信息管理系统，实行独立核算、独立承担民事责任的经济组织。

在实训中，根据需要设置物流公司，其主要业务是承担制造企业与工贸企业、制造企业与商贸企业间的货物运输业务，但在实训中物流公司不以营利为目的。

第四节　虚拟商业社会环境各组织岗位设置及职能

一、制造企业

制造企业期初包括58名工作人员，其中管理岗位18个，教师可根据参训学生人数进行岗位合并，每个岗位由1名学生担任；车间拥有初级工人25人和中级工人15人，分配在机加和组装两个车间，车间工人由系统担任。自主经营阶段，企业可依据生产设备数量及经营状况自行招聘或解聘工人。

制造企业的岗位设置如图2-3所示。

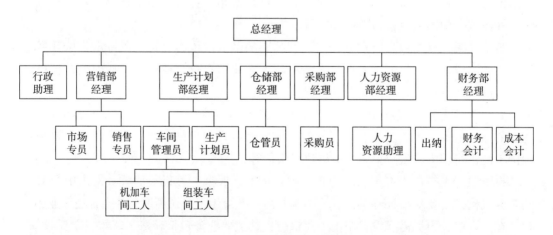

图2-3　制造企业岗位设置

制造企业各管理岗位人员的主要岗位职责及在VBSE系统中作为发起人的任务名称见表2-1。

表 2-1　制造企业岗位职责及任务

部门	岗位角色	岗位职责	作为发起人的任务名称
企业管理部	CEO	1. 组织制订公司总体战略与年度经营计划 2. 组织制定各项基本管理制度 3. 主持公司的日常经营管理工作 4. 主持召开有关企业重大决策的会议 5. 各职能部门负责人的任免 6. 企业文化建设	1. zjBI001 制订战略及计划 2. zjBI006 经营分析与总结
	行政助理	1. 合同管理 2. 公司证照、印鉴保管和使用管理 3. 固定资产管理 4. CEO 日常行程安排、协助起草报告及 CEO 交办的其他工作 5. 会议召集和会议记录 6. 办公用品的领取和发放	1. MJK1 企管部借款 2. zj90068 企业年度报告公示 3. zj90063 商标制作及注册
市场营销部	市场营销部经理	1. 制订销售目标和销售计划 2. 销售费用预算 3. 营销策划、销售运作与管理、进度控制 4. 重要销售谈判和客户关系管理 5. 销售业务统计及分析 6. 部门目标绩效管理及员工绩效考核 7. 部门日常业务审批	
	市场专员	1. 市场分析与市场预测 2. 配合制订企业年度经营计划和销售计划 3. 市场开发及潜在客户挖掘 4. 竞争对手分析 5. 品牌建设与推广	1. MJD1 申请和办理市场开拓 2. MJD2 收到市场开拓费发票 3. MJD3 支付市场开拓费 4. MJD4 申请和办理广告投放 5. MJD5 收到广告费发票 6. MJD6 支付广告投放费用
	销售专员	1. 执行销售计划 2. 销售谈判及签订销售合同 3. 销售合同执行情况跟踪 4. 客户关系维护 5. 货款催收	1. MSC1 整理销售需求 2. DCG2 与经销商签订购销合同 3. DCG4 确认经销商的采购订单 4. DCG5 下达发货通知给经销商 5. MJD7 查看虚拟销售订单 6. MJD9 查看竞单结果 7. MJD10 给虚拟经销商发货 8. MJD12 收到虚拟经销商货款

部门	岗位角色	岗位职责	作为发起人的任务名称
生产计划部	生产计划部经理	1. 制订年度生产计划 2. 生产能力建设 3. 产品研发管理 4. 生产过程管理 5. 产销协调 6. 部门目标绩效管理及员工绩效考核 7. 部门日常业务审批	1. MYF1 办理产品研发 2. MRZ1 申请和办理 ISO 9000 认证 3. zjBI003 制订战略及计划 4. zjBI008 经营分析与总结
	生产计划员	1. 编制主生产计划 2. 编制物料需求计划 3. 生产派工 4. 协助部门经理进行产能规划	1. MRZ2 收到 ISO 9000 认证发票 2. MRZ3 支付 ISO 9000 认证费 3. MSC2 编制主生产计划 4. MSC3 编制物料净需求计划 5. MSC4 派工领料——车架 6. MSC5 派工领料——童车
	车间管理员	1. 生产领料 2. 生产管理 3. 设备维修管理 4. 生产工人管理	1. MSC6 车架完工入库 2. MSC7 整车完工入库 3. MSD1 报送车间电费并收到服务公司的发票 4. MSD2 支付车间电费
仓储部	仓储部经理	1. 制订年度计划与预算 2. 库存管理及库存分析 3. 仓库容量管理 4. 部门目标绩效管理及员工绩效考核 5. 部门日常业务审批	
	仓管员	1. 库存及出入库管理 2. 库存盘点 3. 登记库存台账	1. MYS1 与物流公司签订运输合同 2. MCG7 向物流下达运输订单 3. MCG13 到货并办理入库 4. MCG14 收到运输费发票并支付 5. DCG10 给经销商办理出库并开发票 6. MJD11 给虚拟经销商办理出库并开发票

续表

部门	岗位角色	岗位职责	作为发起人的任务名称
采购部	采购部经理	1. 制订采购计划 2. 供应商管理 3. 控制采购成本和费用 4. 部门目标绩效管理及员工绩效考核 5. 部门日常业务审批	1. MCC2 支付 3C 认证款 2. MJL2 支付设备购买款 3. MCF2 支付购买厂房款 4. MCK2 支付购买仓库款
	采购员	1. 编制物料采购计划 2. 采购谈判及签订采购合同 3. 录入采购订单 4. 采购合同执行情况跟踪 5. 供应商档案建立和关系维护	1. MJL1 购买设备 2. MCS1 出售设备 3. MCS3 回收设备销售款 4. MCF1 购买厂房 5. MCK1 购买仓库 6. MCG1 与工贸企业签订购销合同 7. MCG3 录入采购订单 8. MCG6 接到发货单准备取货 9. MCG15 支付工贸企业货款
人力资源部	人力资源部经理	1. 制订年度人力资源规划与预算 2. 制定招聘、培训、薪酬、绩效等人事管理制度 3. 人员招聘审核 4. 各部门经理绩效考核 5. 部门目标绩效管理及员工绩效考核	1. MGZ1 签订代发工资协议 2. MGR1 招聘生产工人 3. MJP1 解聘生产工人
	人力资源助理	1. 收集各部门人员需求信息 2. 负责人员招聘和解聘相关工作 3. 组织员工培训 4. 薪酬核算及工资发放	1. MKK1 批量办理个人银行卡 2. MZY1 社会保险和公积金增（减）员 3. MXC1 核算薪酬 4. MXC2 发放薪酬 5. MGS1 申报个人所得税
财务部	财务部经理	1. 制定财务管理制度 2. 编制财务预算 3. 日常财务审批 4. 筹资融资决策 5. 建立并登记总账 6. 编制财务报表并进行财务分析 7. 部门目标绩效管理及员工绩效考核	1. MSB1 签订社保公积金同城委托收款协议 2. MSS1 签订税务同城委托收款协议 3. MDK1 申请抵押贷款 4. MDK2 签订抵押贷款合同并放款 5. MZZ1 申报企业增值税 6. MZZ2 缴纳企业增值税 7. MLR1 编制利润表 8. MZC1 编制资产负债表

续表

部门	岗位角色	岗位职责	作为发起人的任务名称
财务部	出纳	1. 库存现金管理 2. 银行转账结算业务处理 3. 建立和登记现金日记账、银行存款日记账 4. 银行对账，编制银行存款余额调节表 5. 发票申领、支票购买	1. MFP1 申领增值税发票 2. MZP1 购买支票 3. MDK3 贷款还款 4. MGS2 缴纳个人所得税 5. MWX1 扣缴"五险一金" 6. DCG17 收到经销商货款银行回单
	财务会计	1. 建立及登记科目明细账 2. 编制记账凭证 3. 日常费用报销 4. 纳税申报 5. 固定资产折旧 6. 期末账务处理	1. MZZ3 认证增值税抵扣联 2. MZJ1 计提折旧 3. MCH1 销售成本核算 4. MQM1 期末账务处理
	成本会计	1. 成本计算及分析 2. 建立及登记科目明细账 3. 编制记账凭证 4. 季末库存盘点及对账	MCB1 成本核算

二、工贸企业

工贸企业期初包括 4 个管理岗位，每个岗位由 1 名学生担任。工贸企业的岗位设置如图 2-4 所示。

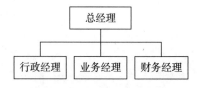

图 2-4　工贸企业岗位设置

工贸企业各岗位人员的主要岗位职责及在 VBSE 系统中作为发起人的任务名称见表 2-2。

表 2-2　工贸企业岗位职责及任务

部门	岗位角色	岗位职责	作为发起人的任务名称
	总经理	1. 组织制订公司总体战略与年度经营计划 2. 制定公司章程及规章制度 3. 主持公司的日常经营管理工作 4. 各职能部门负责人的任免 5. 企业文化建设	1. TDK3 贷款还款 2. TGS2 缴纳个人所得税 3. zjBI003 制订战略及计划 4. zjBI008 经营分析与总结
行政部	行政经理	1. 人力资源管理、绩效考核、薪酬核算及发放 2. 合同管理 3. 公司证照、印鉴保管和使用管理 4. 固定资产管理 5. CEO 日常行程安排及 CEO 交办的各项工作 6. 会议召集和会议记录 7. 办公用品的领取和发放	1. TJK1 行政部借款 2. zj90070 企业年度报告公示 3. zj90065 商标制作及注册 4. TSB1 签订社保公积金同城委托收款协议 5. TSS1 签订税务同城委托收款协议 6. TGZ1 签订代发工资协议 7. TKK1 批量办理个人银行卡 8. TXC1 核算薪酬 9. TXC2 发放薪酬 10. TGS1 申报个人所得税
业务部	业务经理	1. 制订采购计划并执行 2. 控制采购成本和费用 3. 市场调研及市场分析 4. 销售谈判及签订销售合同 5. 客户关系管理 6. 销售合同执行情况跟踪及货款催收 7. 库存及出入库管理 8. 仓库购买或租赁	1. TCK1 购买仓库 2. TCK2 支付购买仓库款 3. TCG1 下达采购订单 4. TCG2 支付虚拟工贸企业货款 5. TCG3 到货并办理入库 6. MCG2 与制造业签订购销合同 7. MCG4 确认制造业的采购订单 8. MCG5 准备发货并通知制造业取货 9. MCG10 给制造业办理出库并开发票 10. MCG17 收到制造业货款银行回单
财务部	财务经理	1. 筹资融资决策 2. 库存现金管理 3. 银行转账结算业务处理 4. 纳税申报、发票申领 5. 编制记账凭证 6. 建立并登记总账、明细账 7. 期末账务处理、编制财务报表	1. TFP1 申领增值税发票 2. TZP1 购买支票 3. TDK1 申请抵押贷款 4. TDK2 签订抵押贷款合同并放款 5. TZZ1 申报企业增值税 6. TZZ2 缴纳企业增值税 7. TZZ3 认证增值税抵扣联 8. TWX1 扣缴"五险一金" 9. TZJ1 计提折旧 10. TCH1 存货核算 11. TQM1 期末账务处理 12. TLR1 编制利润表 13. TZC1 编制资产负债表

三、商贸企业

商贸企业期初包括 7 个管理岗位，教师可根据参训学生人数进行岗位合并，每个岗位由 1 名学生担任。商贸企业的岗位设置如图 2-5 所示。

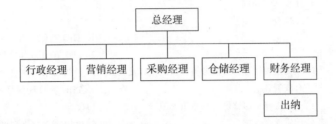

图 2-5　商贸企业岗位设置

商贸企业各岗位人员的主要岗位职责及在 VBSE 系统中作为发起人的任务名称见表 2-3。

表 2-3　商贸企业岗位职责及任务

部门	岗位角色	岗位职责	作为发起人的任务名称
	总经理	1. 组织制订公司总体战略与年度经营计划 2. 制定公司章程及规章制度 3. 主持公司的日常经营管理工作 4. 各职能部门负责人的任免 5. 企业文化建设	1. zjBI002 制订战略及计划 2. zjBI007 经营分析与总结
行政部	行政经理	1. 人力资源管理、绩效考核、薪酬核算及发放 2. 合同管理 3. 公司证照、印鉴保管和使用管理 4. 固定资产管理 5. CEO 日常行程安排及 CEO 交办的各项工作 6. 会议召集和会议记录 7. 办公用品的领取和发放	1. DJK1 行政部借款 2. zj90069 企业年度报告公示 3. zj90064 商标制作及注册 4. DGZ1 签订代发工资协议 5. DKK1 批量办理个人银行卡 6. DXC1 核算薪酬 7. DXC2 发放薪酬 8. DGS1 申报个人所得税

续表

部门	岗位角色	岗位职责	作为发起人的任务名称
营销部	营销经理	1. 制订销售目标和销售计划 2. 销售费用预算 3. 市场调研、市场预测及分析 4. 市场开拓及广告计划 5. 销售合同执行情况跟踪及客户关系管理 6. 销售业务统计及分析	1. DXY1 申请和办理市场开拓 2. DYX2 收到市场开拓费发票 3. DYX3 支付市场开拓费 4. DYX4 申请和办理广告投放 5. DYX5 收到广告费发票 6. DYX6 支付广告投放费用 7. DYX7 查看虚拟销售订单 8. DYX9 查看竞单结果 9. DYX10 给虚拟经销商发货 10. DYX12 收到虚拟经销商货款
采购部	采购经理	1. 制订采购计划 2. 采购谈判及签订采购合同 3. 录入采购订单 4. 控制采购成本和费用 5. 采购合同执行情况跟踪 6. 供应商管理	1. DCK1 购买仓库 2. DCK2 支付购买仓库款 3. DCG1 与制造业签订购销合同 4. DCG3 录入采购订单 5. DCG6 接到发货通知单 6. DCG15 收到制造业发票并支付
仓储部	仓储经理	1. 库存及出入库管理 2. 登记库存台账 3. 库存盘点 4. 仓库购买或租赁	1. DYS2 与物流公司签订运输合同 2. DCG7 向物流下达运输订单 3. DCG13 到货并办理入库 4. DCG14 收到运输费发票并支付 5. DYX11 给虚拟经销商办理出库并开发票
财务部	财务经理	1. 筹资融资决策 2. 纳税申报 3. 编制记账凭证 4. 建立并登记总账、明细账 5. 期末账务处理、编制财务报表	1. DSB1 签订社保公积金同城委托收款协议 2. DSS1 签订税务同城委托收款协议 3. DDK1 申请抵押贷款 4. DDK2 签订抵押贷款合同并放款 5. DZZ1 申报企业增值税 6. DZZ2 缴纳企业增值税 7. DZZ3 认证增值税抵扣联 8. DZJ1 计提折旧 9. DCH1 存货核算 10. DQM1 期末账务处理 11. DLR1 编制利润表 12. DZC1 编制资产负债表

部门	岗位角色	岗位职责	作为发起人的任务名称
财务部	出纳	1. 库存现金管理 2. 银行转账结算业务处理 3. 建立和登记现金日记账、银行存款日记账 4. 银行对账，编制银行存款余额调节表 5. 发票申领	1. DZP1 购买支票 2. DDK3 贷款还款 3. DGS2 缴纳个人所得税 4. DWX1 扣缴"五险一金"

四、政务和服务组织

除服务公司和物流公司设置 2 个岗位外，其他各政务和服务组织均由 1 人承担，各岗位人员的主要岗位职责及在 VBSE 系统中作为发起人的任务名称见表 2-4。

表 2-4　政务和服务组织岗位职责及任务

部门	岗位角色	岗位职责	作为发起人的任务名称
市场监督管理局	市场监管员	1. 商标管理 2. 企业注册/变更登记 3. 企业年报公示审核备案 4. 市场监督、广告监督 5. 市场监督管理检查及行政处罚 6. 协助服务公司完成教师交办的其他事宜	1. zj90062 市场监督管理检查
税务局	税务专员	1. 税款征收 2. 增值税抵扣认证 3. 发票管理 4. 税务稽查 5. 税收政策宣传 6. 协助服务公司完成教师交办的其他事宜	1. zj90053 税务稽查
社保局	社保公积金专员	1. "五险一金"登记 2. "五险一金"缴费基数核定 3. "五险一金"征收 4. "五险一金"增员、减员申报 5. "五险一金"政策宣传 6. 协助服务公司完成教师交办的其他事宜	1. zj90092 下达社保稽查通知书 2. zj90093 社保稽查 3. zj90094 行政处罚

续表

部门	岗位角色	岗位职责	作为发起人的任务名称
服务公司	总经理	1. 组织商贸企业、制造企业竞单 2. 办公用品发放 3. 组织各项评比活动 4. 教师交办的其他事宜	1. MCS2 支付设备回购款 2. MJD8 组织制造业竞单 3. DYX8 组织经销商竞单 4. zj90071 企业年度报告公示
	业务员	1. 办理市场开拓 2. 签订广告合同，办理广告投放 3. 办理 3C、ISO 认证 4. 出售厂房、仓库、设备 5. 人力资源中介 6. 办理产品研发 7. 协助总经理完成教师交办的其他事宜	1. MCC3 回收 3C 认证款 2. MJL3 回收设备销售款 3. MCF3 回收厂房销售款 4. MCK3 回收仓库销售款
银行	银行柜员	1. 企业账户开立 2. 贷款审批及业务办理 3. 存取款 4. 转账结算及对账 5. 代发工资 6. 代扣"五险一金" 7. 代扣各项税费 8. 协助服务公司完成教师交办的其他事宜	
物流公司	总经理	1. 制定企业规章制度 2. 制订运输计划 3. 合同审批 4. 收取运费 5. 协助服务公司完成教师交办的其他事宜	1. MCG9 去工贸企业取货并开发票 2. MCG16 收到制造业运费业务回单 3. DCG9 去制造业取货并开发票 4. DCG16 收到经销商运费业务回单 5. zj90071 企业年度报告公示
	业务经理	1. 签订物流运输合同 2. 填写运单 3. 取货、装运、送货 4. 开具运费发票 5. 协助服务公司完成教师交办的其他事宜	1. MYS1 与制造业签订运输合同 2. DYS1 与经销商签订运输合同 3. MCG8 受理制造业运输订单 4. MCG11 装车发运给制造业 5. MCG12 送货到制造业 6. DCG8 受理经销商运输订单 7. DCG11 装车发运给经销商 8. DCG12 送货到经销商

第五节　虚拟商业社会环境组织内业务关系

一、制造企业

制造企业是 VBSE 中内部岗位最多的组织，内部业务流程和部门间业务关系也相对复杂。制造企业区别于其他组织的典型特征是生产职能，其核心业务都是围绕采购、生产、销售这一价值链展开的。制造企业各部门之间的业务关系以及部门与企业外部的联系如图 2-6 所示。

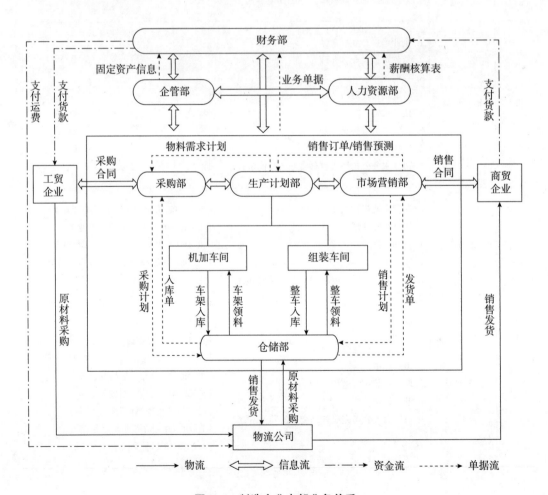

图 2-6　制造企业内部业务关系

从图 2-6 中可以看出，制造企业与外部发生联系的主要是市场营销部和采购部。营销部从商贸企业获得订单并开展市场调研和市场分析，对市场信息加以整理后形成销售预测，并将销售订单和销售预测传递给生产计划部；生产计划部依据市场营销部门提供的信息，结合期初库存、安全库存和产能编制主生产计划及物料需求计划，主生产计划用于指导车间的生产运作管理，物料需求计划则传递给采购部；采购部依据物料需求计划，并结合库存、采购批量、折扣等因素，制订原材料采购计划，然后选择合适的供应商进行采购。仓储部负责联系物流公司进行原材料运输，到货后由仓储部验收、入库、保管，并根据生产需要由生产车间领料出库。生产完工的半成品（车架）和成品（童车）也由仓储部统一入库管理，并根据生产和销售发货的需要进行出库。财务部服务于供产销价值链的各个环节，提供资金、核算和决策支持，各部门需将相关单据及时传递给财务部以保证财务核算和账务处理的正常进行。企管部和人力资源部则面向整个企业负责行政、后勤、薪酬、绩效等方面的服务和监督考核工作。

二、工贸企业

工贸企业的组织构成较为简单，各部门之间的业务关系以及部门与企业外部的联系如图 2-7 所示。

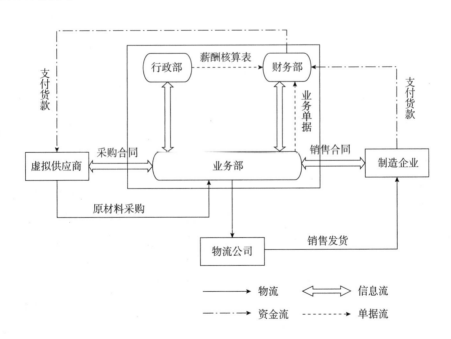

图 2-7　工贸企业内部业务关系

从图 2-7 中可以看出，业务部是企业的核心，连接着外部的上下游组织，承担着从虚拟供应商处采购原材料及与制造企业洽谈销售、签订合同的任务。财务部负责企业的资金筹措、账务处理和成本核算等，行政部则承担着行政后勤和人力资源管理双重职责。

三、商贸企业

商贸企业的组织结构与制造企业较为相似，最重要的区别在于没有生产部门，各部门之间的业务关系以及部门与企业外部的联系如图2-8所示。

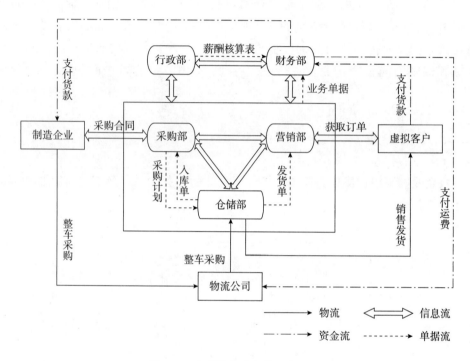

图2-8　商贸企业内部的业务关系

从图2-8中可以看出，采购部和营销部分别连接着企业外部的上下游组织。营销部负责进行市场分析和预测，并从虚拟客户那里获取订单。采购部负责制订采购计划，并与制造企业洽谈、签订采购合同。两个部门的业务相对独立，又彼此制约，因此，两部门之间需要进行及时的信息沟通。仓储部对内同时连接着采购部与营销部，负责企业的库存和出入库管理，对外需联系物流公司进行童车运输，以保障采购合同的顺利执行。与工贸企业相同，商贸企业财务部负责资金的筹措、账务处理和成本核算等，行政部则承担着行政后勤和人力资源管理双重职责。

第六节　虚拟商业社会环境组织间业务关系

　　制造企业是 VBSE 的核心，上游的工贸企业为其提供生产所需的各种原材料，下游的商贸企业采购其产成品。工贸企业的上游是虚拟供应商，商贸企业的下游是虚拟客户。工贸企业和商贸企业均不进行二次加工或制造，通过大批量采购再转手出售取得盈利，是商品流通的中间环节。政务和服务组织涵盖政府机构和服务业，它们的主要任务是保障上述供产销链条的顺畅，为企业经营业务的顺利开展和市场的稳定运行提供必要的监管和服务。

　　上述逻辑关系可用图 2-9 表示。

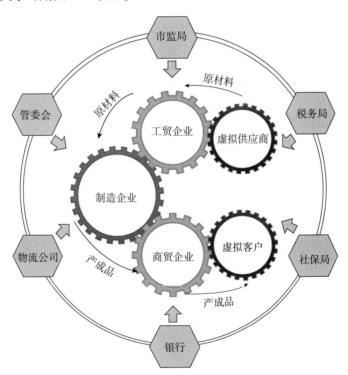

图 2-9　虚拟商业社会环境组织间业务关系

　　以下重点介绍组织间发生的主要业务关系及其在 VBSE 系统中对应的具体任务和逻辑顺序。

一、工贸企业与虚拟供应商

工贸企业与虚拟供应商之间存在的主要业务关系是原材料的采购和销售。由于虚拟供应商由系统担任，因此涉及虚拟供应商的操作由系统自动完成，教师则可对原材料的价格进行调整。在 VBSE 系统中，工贸企业从虚拟供应商处采购原材料这一业务的完成需要经过 3 项任务。

具体业务内容和逻辑顺序如图 2-10 所示。

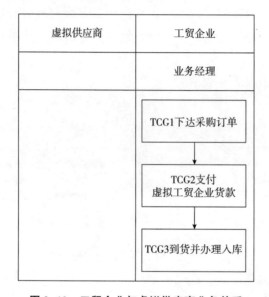

图 2-10　工贸企业与虚拟供应商业务关系

二、制造企业与工贸企业

制造企业与工贸企业之间的主要业务关系是原材料的采购和销售。在 VBSE 系统中，这一业务的顺利完成需要经过 17 项任务。除了制造企业和工贸企业的参与外，还必须通过物流公司完成原材料的运输。

具体业务内容和逻辑顺序如图 2-11 所示。

三、制造企业与商贸企业

制造企业与商贸企业之间的主要业务关系是童车的销售和采购。在 VBSE 系统中，这一业务的顺利完成需要经过 17 项任务。除了制造企业和商贸企业的参与外，还必须通过物流公司完成货物的运输。

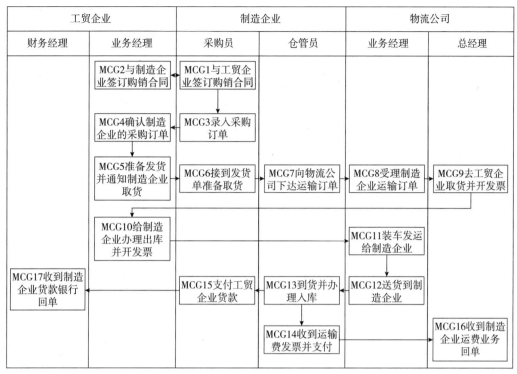

图 2-11 制造企业与工贸企业业务关系

具体业务内容和逻辑顺序如图 2-12 所示。

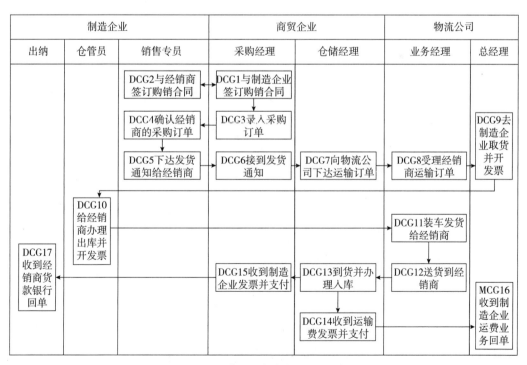

图 2-12 制造企业与商贸企业业务关系

四、商贸企业与虚拟客户

商贸企业与虚拟客户之间存在的主要业务关系是童车的销售和采购。由于虚拟客户由系统担任，因此涉及虚拟客户的操作由系统自动完成，而其发出的采购订单则可由教师根据实训情况进行调整。需要注意的是，商贸企业取得虚拟客户订单的必要前提是市场开发和投放广告，这需要通过服务公司来完成。在 VBSE 系统中，商贸企业将童车销售给虚拟客户这一业务的完成需要经过 12 项任务。

具体业务内容和逻辑顺序如图 2-13 所示。

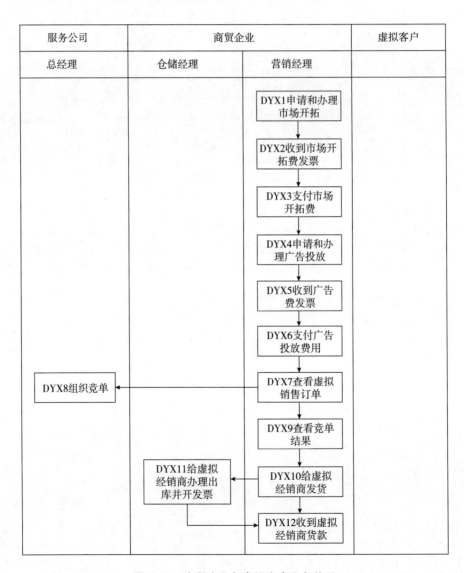

图 2-13　商贸企业与虚拟客户业务关系

五、制造企业与虚拟客户

制造企业根据自身发展的需要，也可以不通过商贸企业，而将产品直接销售给虚拟客户以获取利润。制造企业与虚拟客户之间存在的主要业务关系是童车的销售和采购，其组织间关系同商贸企业与虚拟客户相同，此处不再赘述。

第七节　领取办公用品

实训开始后，服务公司根据实训所设定的组织机构数量，整理、归置、发放各个组织的办公用品，并做好申领办公用品的物品登记。每个企业或组织派行政助理领取所有的办公用品，同时依据企业内部控制管理要求将用品分发给各个部门及人员保管。服务公司发放办公用品的业务流程如图 2-14 所示。

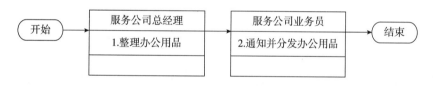

图 2-14　服务公司发放办公用品流程

办公用品主要包括营业执照等证件、印章、各类单据，以及桌签和胸牌。

一、证件类实训用品

证件是指企业运营过程中所需要的、经由相关监管机构认可或授予的资格证书，如营业执照、开户许可证等。

（一）营业执照（正副本）

营业执照是市场监督管理部门发给企业、个体经营者的准许从事某项生产经营活动的凭证。营业执照的登记事项包括社会统一信用代码、名称、类型、住所、法定代表人、注册资本、成立日期、营业期限、经营范围等，其格式由国家市场监督管理总局统一规定。营业执照分正本和副本，两者具有相同的法律效力。正本应当置于公司住所或营业场所的醒目位置，否则企业可能因未悬挂执照而受到处罚；副本一般用于外出办理业务。

目前，为了提高市场准入效率，从 2016 年 10 月 1 日起，全国范围内实施了"五证合一"和"一照一码"登记，将原有的工商营业执照、组织机构代码证、税务登记证、社会保险登记证和统计登记证统一整合为营业执照，并将所有编码统一为社会统一信用代码。

营业执照如图 2-15 所示。

图 2-15　企业营业执照正、副本

（二）开户许可证

开户许可证是由中国人民银行核发的一种开设基本账户的凭证，凡在中华人民共和国境内金融机构开立基本存款账户的单位可凭此证办理其他金融往来业务。2019 年我国在全国范围内逐步完成银行账户开户批准制向备案制过渡，银行开户许可证将逐步取消。

开户许可证如图 2-16 所示。

企业所需领用的证件列表及保管人建议如表 2-5 所示。

图 2-16　开户许可证

表 2-5　企业证件领用与保管

序号	证章名称	数量（1家企业）	保管部门	建议保管人（岗）
1	营业执照正、副本	各 1	企管部/行政部	行政助理
2	开户许可证	1	财务部	财务部经理

二、印章类实训用品

（一）企业印章

企业印章是指企业运营过程中所需要的各种法人和个人名章，通常包括企业行政公章、财务专用章、合同专用章、发票专用章和法人代表名章等，企业印章如图 2-17 所示。在企业运营过程中，企业印章需要凭借企业法人营业执照刻制，不同印章有不同的使用场合。

企业行政公章：企业处理内外部事务，如文件、报告、对外的正式信函、证明等使用的印鉴，加盖公章的文件具有法律效力。

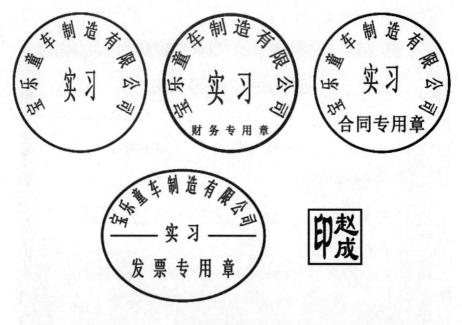

图 2-17　企业印章

合同专用章：企业对外签订合同时使用的印章，可以在签约的范围内代表企业，在合同上加盖合同专用章，企业需承受由此带来的权利和义务。

财务专用章：用于企业对内对外的现金、银行收付等业务的印章，与法人代表名章一起作为银行预留印鉴。

发票专用章：在购买或开具发票时加盖的印章，发票专用章印章印模里含有其企业名称、发票专用章字样和社会统一信用代码。

法人代表名章：以企业法人代表名字刻的印章，一般不单独使用，与企业行政公章合用表示法人认可，或者与合同专用章合用于合同签订，以及与财务专用章一起用于银行预留印鉴。

企业所需领用的印章列表及保管人建议如表 2-6 所示。

表 2-6　企业印章领用与保管

序号	证章名称	数量（1 家企业）	保管部门	建议保管人（岗）
1	企业行政公章	1	企管部/行政部	行政助理
2	合同专用章	1	企管部/行政部	行政助理
3	法人代表名章	1	财务部	出纳
4	财务专用章	1	财务部	财务部经理
5	发票专用章	1	财务部	财务会计

（二）政务和服务组织印章

政务和服务组织包括市场监督管理局、税务局、人力资源和社会保障局、物流公司、服务公司和银行，其中市场监督管理局、税务局、人力资源和社会保障局常见印章如图 2-18 所示，银行常见印章如图 2-19 所示。

图 2-18　政务机构印章

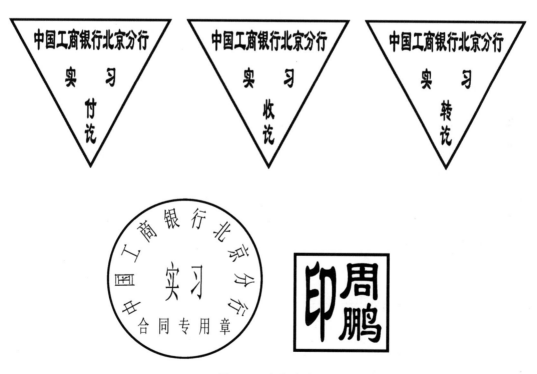

图 2-19　银行印章

银行合同专用章：与客户签订合同时使用的印章。

银行付讫章：办理付款业务时使用的印章。

银行转讫章：为企业间办理转账业务时使用的印章。

银行收讫章：办理收款业务时使用的印章。

三、单据类实训用品

在企业运营过程中，需要填写和保管记账凭证、会计账簿等会计资料和本岗位所需要使用的其他纸质原始单据，如支票、领料单、库存台账等。

注意：在最新的 VBSE 系统中，部分纸质单据已经被线上单据取代。

(一) 制造企业单据

固定经营阶段，制造企业常用单据及保管人见表 2-7。

表 2-7　制造企业常用单据及保管情况

序号	单据名称	建议数量	建议保管人（岗）	序号	单据名称	建议数量	建议保管人（岗）
1	三栏式总分类账	25	财务部	16	制造费用分配表	1	成本会计
2	银行存款日记账	1	财务部	17	销售成本结转表	1	财务会计
3	现金日记账	1	财务部	18	固定资产折旧计算表	2	财务部
4	应交税金（增值税）明细账	1	财务部	19	资产负债表	1	财务部
5	三栏式明细分类账	27	财务部	20	利润表	1	财务部
6	数量金额式明细分类账	16	财务部	21	固定资产卡片	33	企管部
7	多栏式明细账	7	财务部	22	固定资产登记簿	1	企管部
8	记账凭证	2T+2D 23	财务部	23	公章印鉴使用登记表	1	企管部
9	转账支票	3	财务部	24	合同管理表	1	企管部
10	支票登记簿	1	财务部	25	购销合同	T	采购部
11	增值税专用发票	D	财务部	26	采购合同执行情况表	1	采购部
12	发票记录表	1	财务部	27	ISO 9000 认证申请表	1	生产计划部
13	发票领用表	1	财务部	28	主生产计划计算表	2	生产计划部
14	车架成本计算表	1	成本会计	29	主生产计划表	2	生产计划部
15	整车成本计算表	1	成本会计	30	物料需求计算表	2	生产计划部

续表

序号	单据名称	建议数量	建议保管人（岗）	序号	单据名称	建议数量	建议保管人（岗）
31	物料净需求计划表	2	生产计划部	47	入库单	T+2	仓储部
32	领料单	4	生产计划部	48	物料检验单	1	仓储部
33	派工单	4	生产计划部	49	借记卡信息表	1	人力资源部
34	生产执行情况表	1	生产计划部	50	借记卡集体申领登记表	1	人力资源部
35	完工单	2	生产计划部	51	职工薪酬发放表	2	人力资源部
36	完工送检单	1	生产计划部	52	员工信息表	2	人力资源部
37	水电费缴费表	1	生产计划部	53	支出凭单	1	人力资源部
38	销售订单汇总表	1	营销部	54	职工薪酬统计表	2	人力资源部
39	销售订单明细表	1	营销部	55	"五险一金"核算表	2	人力资源部
40	销售发货明细表	1	营销部	56	职工薪酬统计表——部门汇总	1	人力资源部
41	发货单	D	营销部	57	职工薪酬统计表——企业应缴福利	2	人力资源部
42	开票申请单	D	营销部	58	应付职工薪酬科目明细表	1	人力资源部
43	库存台账	16	仓储部	59	借款单	6	所需部门
44	出库单（材料）	4	仓储部	60	合同会签单	1+T+D	所需部门
45	出库单（销售）	D	仓储部	61	付款申请表	3	所需部门
46	物流运输订单	T	仓储部	62	3C认证申请书	3	生产计划部

注：建议数量中，T、M、D分别表示本次开课工贸企业数量、制造企业数量和商贸企业数量。

（二）工贸企业单据

固定经营阶段，工贸企业常用单据及保管情况见表2-8。

表2-8 工贸企业常用单据及保管情况

序号	单据名称	建议数量	建议保管人（岗）	序号	单据名称	建议数量	建议保管人（岗）
1	三栏式总分类账	21	财务部	5	三栏式明细分类账	18	财务部
2	银行存款日记账	1	财务部	6	数量金额式明细分类账	10	财务部
3	现金日记账	1	财务部	7	多栏式明细账	4	财务部
4	应交税金（增值税）明细账	1	财务部	8	记账凭证	2M+16	财务部

序号	单据名称	建议数量	建议保管人（岗）	序号	单据名称	建议数量	建议保管人（岗）
9	转账支票	1	财务部	27	职工薪酬发放表	2	行政部
10	支票登记簿	1	财务部	28	职工薪酬统计表	2	行政部
11	开票申请单	M	业务部	29	职工薪酬统计表——部门汇总	2	行政部
12	增值税专用发票	M	财务部	30	职工薪酬统计表——企业应缴福利	2	行政部
13	发票记录表	1	财务部	31	应付职工薪酬科目明细表	1	行政部
14	发票领用表	1	财务部	32	"五险一金"核算表	2	行政部
15	固定资产折旧计算表	1	财务部	33	库存台账	10	业务部
16	销售成本结转表	1	财务部	34	采购合同执行情况表	1	业务部
17	资产负债表	1	财务部	35	入库单	1	业务部
18	利润表	1	财务部	36	发货单	M	业务部
19	固定资产卡片	6	行政部	37	出库单（销售）	M	业务部
20	固定资产登记簿	1	行政部	38	销售订单明细表	1	业务部
21	借记卡信息表	1	行政部	39	销售订单汇总表	1	业务部
22	借记卡集体申领登记表	1	行政部	40	销售发货明细表	1	业务部
23	支出凭单	1	行政部	41	收款确认单	M	业务部
24	合同管理表	1	行政部	42	付款申请表	1	业务部
25	员工信息表	2	行政部	43	合同会签单	M	业务部
26	公章印鉴使用登记表	1	行政部	44	借款单	2	所需部门

注：建议数量中，T、M、D 分别表示本次开课工贸企业数量、制造企业数量和商贸企业数量。

（三）商贸企业单据

固定经营阶段，商贸企业常用单据及保管人见表 2-9。

（四）政务和服务组织单据

固定经营阶段，政务和服务组织常用单据及保管人见表 2-10。

表 2-9　商贸企业常用单据及保管情况

序号	单据名称	建议数量	建议保管人（岗）	序号	单据名称	建议数量	建议保管人（岗）
1	三栏式总分类账	21	财务部	25	职工薪酬统计表	2	行政部
2	银行存款日记账	1	财务部	26	职工薪酬统计表——部门汇总	2	行政部
3	现金日记账	1	财务部	27	职工薪酬统计表——企业应缴福利	2	行政部
4	应交税金（增值税）明细账	1	财务部	28	应付职工薪酬科目明细表	1	行政部
5	三栏式明细分类账	22	财务部	29	支出凭单	1	行政部
6	数量金额式明细分类账	3	财务部	30	"五险一金"核算表	2	行政部
7	多栏式明细账	3	财务部	31	职工薪酬发放表	2	行政部
8	记账凭证	4M+23	财务部	32	购销合同	M	采购部
9	转账支票	3	财务部	33	采购合同执行情况表	1	采购部
10	支票登记簿	1	财务部	34	市场开拓申请表	1	营销部
11	增值税专用发票	1	财务部	35	广告投放申请表	1	营销部
12	发票领用表	1	财务部	36	发货单	1	营销部
13	发票记录表	1	财务部	37	销售订单明细表	1	营销部
14	固定资产折旧计算表	1	财务部	38	销售订单汇总表	1	营销部
15	销售成本结转表	1	财务部	39	销售发货明细表	1	营销部
16	资产负债表	1	财务部	40	开票申请单	1	营销部
17	利润表	1	财务部	41	库存台账	3	仓储部
18	固定资产卡片	9	行政部	42	出库单（销售）	1	仓储部
19	固定资产登记簿	1	行政部	43	入库单	M	仓储部
20	合同管理表	1	行政部	44	物流运输订单	M	仓储部
21	公章印鉴使用登记表	1	行政部	45	借款单	4	所需部门
22	借记卡信息表	1	行政部	46	合同会签单	M+1	所需部门
23	借记卡集体申领登记表	1	行政部	47	付款申请表	2M+3	所需部门
24	员工信息表	2	行政部				

注：建议数量中，T、M、D分别表示本次开课工贸企业数量、制造企业数量和商贸企业数量。

表 2-10　政务和服务组织常用单据及保管情况

序号	单据名称	建议数量	建议保管人（岗）	序号	单据名称	建议数量	建议保管人（岗）
1	增值税专用发票	T+2M+D	服务公司	13	社会保险稽核报告	T+M+D	社保局
2	市场监督管理行政处罚决定书	若干	市监局	14	社保稽核整改意见书	T+M+D	社保局
3	授权划缴税款协议书	T+M+D	税务局	15	劳动保障监察行政处罚决定书	若干	社保局
4	增值税专用发票	T	税务局	16	银企代发工资合作协议	T+M+D	银行
5	发票领用表	1	税务局	17	票据领用登记表	1	银行
6	税务稽查报告	T+M+D	税务局	18	银行业务回单	若干	银行
7	税务稽查通知书	T+M+D	税务局	19	进账单	若干	银行
8	税务行政处罚决定书	若干	税务局	20	物流运输合同	M+D	物流公司
9	认证结果通知书	T+M+D	税务局	21	合同会签单	M+D	物流公司
10	税收通用缴款书	T+M+D	税务局	22	增值税专用发票	TM+MD	物流公司
11	社保稽核通知书	T+M+D	社保局	23	公路货运单	TM+MD	物流公司
12	社保公积金委托银行代收合同书	T+M+D	社保局				

　注：建议数量中，T、M、D分别表示本次开课工贸企业数量、制造企业数量和商贸企业数量。

四、其他实训用品

在实训中，要求挂牌持证上岗，每个岗位都有自己的胸牌和桌签，如图 2-20 所示。行政助理（或行政经理）领回实训用品后，分发给不同岗位的实训学生。

图 2-20　岗位胸牌

第一节   解读期初数据

在 VBSE 系统中,期初数据是指企业管理交接时(例如:2020 年 1 月)各类企业的初始状态信息。读懂期初数据是进行后续实训环节的前提和基础。

一、制造企业

(一)企管部读懂期初数据

新的团队接手管理工作后,在业务工作开展之前,需要先研读前任交接的资料,掌握企业目前的经营状况,具体内容如表 3-1 所示。

表 3-1   企管部需要了解的期初经营状况

角色	期初数据	期初数据说明
总经理、行政助理	(一)核心制造企业组织结构	岗位设置
总经理、行政助理	(二)企业年度经营规划	公司经营方针、童车市场分析、生产策略
行政助理	(三)固定资产基本信息	固定资产卡片信息、固定资产登记簿、国有土地使用权证

1. 制造企业组织结构

制造企业组织结构如图 3-1 所示。

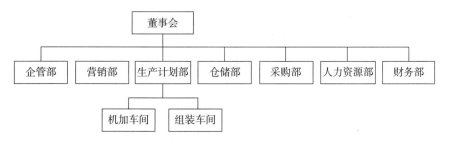

图 3-1   制造企业组织机构

2. 企业年度经营规划

企业根据经营规则，制定经营方针及目标，进行童车市场分析、市场定位和产品定价，确定生产策略。

3. 固定资产基本信息

（1）固定资产卡片信息。截至企业管理交接时（例如：2020 年 1 月 1 日），企业拥有固定资产 33 项，每项固定资产均需登记在固定资产卡片上。固定资产卡片上填写资产类型、名称、原值、使用年限、购置日期、累计折旧等信息，方便企业进行固定资产查找、管理。

固定资产卡片如图 3-2 所示。

卡片编号 001 　　　　　　　　　　　　　　　　　　　　　　　日期 2020.1.1

固定资产编号	0100001	固定资产名称	办公大楼
类别编号	01	类别名称	非生产用房
规格型号		使用部门	企管部
增加方式	自建	存放地点	
使用状态	在用	预计使用年限	20 年
折旧方法	直线法	开始使用日期	2018.09.15
原值	120000000	净残值	600000
累计折旧	712500	净值	11287500
折旧费用类别	管理费用	已计提月份	15
保管人			

附属设备

资产变动历史

日期	变动事项	变动原因	变动说明

变动事项主要包括：资产大修理、资产转移、原值变动、资产减少等类型。

图 3-2　固定资产卡片

（2）固定资产登记簿。固定资产登记簿是对所有固定资产卡片统一记录、管理的表格。固定资产登记簿中记录企业所有固定资产的种类、购买时间、使用年限及折旧等有关内容，行政助理要特别读懂此表。

（3）国有土地使用权证。国有土地使用权证，是指经土地使用者申请，由城市各级人民政府颁发的国有土地使用权的法律凭证。该证主要载明土地使用者名称，土地坐落位置、用途，土地使用权面积和使用年限等信息。

国有土地使用权证如图3-3所示。

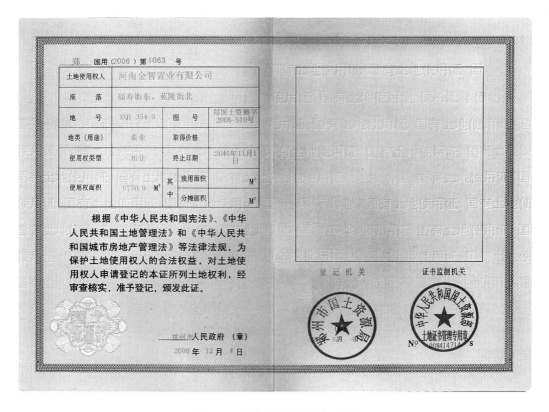

图3-3　国有土地使用权证例图

（二）人力资源部读懂期初数据

新的团队接手人力资源管理工作后，需要先研读前任交接的资料，包括期初人员基本信息、业绩及考核结果数据、薪酬福利规则等。人力资源部经理和人力资源助理在业务工作开展之前需要理解、掌握的具体内容如表3-2所示。

表 3-2　人力资源部需要了解的期初经营状况

角色	期初数据	期初数据说明
人力资源部经理、助理	（一）制造企业组织结构图	职位分析、招聘相关资料
人力资源部经理、助理	（二）制造企业岗位设计及定编情况	
人力资源部经理、助理	（三）制造企业岗位职责说明汇总	
人力资源部经理、助理	（四）人事登记表	企业员工基础信息
人力资源部经理、助理	（五）员工银行账号信息	薪资核算、"五险一金"核算依据
人力资源部经理、助理	（六）职工薪酬统计表（2019年12月）	
人力资源部经理、助理	（七）"五险一金"核算表（2019年12月）	
人力资源部经理、助理	（八）职工薪酬统计表——部门汇总（2019年12月）	
人力资源部经理、助理	（九）职工薪酬统计表——企业应缴福利（2019年12月）	
人力资源部经理、助理	（十）职工薪酬发放表（2019年12月）	
人力资源部经理、助理	（十一）银企代发工资协议	企业委托代发工资合同
人力资源部经理、助理	（十二）委托银行代收社会保险费合同书	社会保险委托扣款合同

1. 制造企业组织结构图

核心制造企业组织结构见图 3-1。

2. 制造企业岗位设计及定编情况

核心制造企业岗位设计及定编情况参见第二章第四节"虚拟商业社会环境各组织岗位设置及职能"中的图 2-3。

3. 制造企业岗位职责说明汇总

核心制造企业岗位职责说明参见第二章第四节"虚拟商业社会环境各组织岗位设置及职能"中的表 2-1。

4. 人事登记表

人事登记表是用于记录员工基本信息及岗位、岗位调整、劳动合同期限等信息的表格。当发生入职、离职、岗位变动、续签合同等业务时，人力资源部工作人员需要及时更新人事登记表，保证数据的准确性。因此，人事登记表是一张动态表格。

人事登记表包含在职人员、离职人员两部分信息。在 VBSE 系统中，将人事登记表信息做简化处理，变为员工信息表，只记录人员姓名、职位、身份证号、入职时间、劳动合同签订日期等基本信息。员工信息见表 3-3。

5. 员工银行卡号

企业员工的个人银行卡，是个人薪资报酬领取的重要工具，其中，银行卡号是发放职工薪酬的基础资料。人力资源助理在办理新员工入职时，根据企业员工信息，填写《借记卡集体申领登记表》，到银行办理发放工资的银行卡。员工银行卡信息见表 3-4。

表 3-3　员工信息

姓名	员工编号	部门	职位	身份证号码	性别	出生日期	入职时间	是否试用	联系电话
梁天	1	企管部	总经理	11010519821209×××	男	1982 年 12 月 9 日	2016 年 11 月 5 日	否	18503880001
叶瑛	2	企管部	行政助理	12020119620411××××	女	1962 年 4 月 11 日	2016 年 11 月 5 日	否	18503880002
…	…	…	…	…	…	…	…	…	…
邹建榕	58	机加车间	生产工人	12011219891218××××	男	1989 年 12 月 18 日	2016 年 11 月 5 日	否	18503880058

表 3-4　员工银行卡信息

工号	姓名	银行卡号
1	梁天	6222022008006671000
2	张万军	6222023803008317038
…	…	…
18	刘思羽	6222021702009932872

6. "五险一金"核算表（2019 年 12 月）

按照现行社会保险、住房公积金管理制度规定，企业有义务为在职员工缴纳"五险一金"，企业缴费基数依照上一年度员工月平均工资数额，并规定最低、最高缴费基数。

人力资源助理负责申报、缴纳"五险一金"，编制"五险一金"核算表，为人力资源部经理核算工资提供数据信息。"五险一金"核算表见表 3-5。

7. 职工薪酬统计表（2019 年 12 月）

人力资源部经理每月月底需核算公司全员当月工资，每季度结束后次月核算上一季度绩效奖金。人力资源部经理需将核算完成的职工薪酬统计表交财务部经理审核，经审核无误后交总经理审批。2019 年 12 月职工薪酬已经核算完毕，并经过相关的审批流程，职工薪酬统计表如表 3-6 所示，实际工作中数据为零项可以删除，此处为方便了解表格全貌并未作此处理。

8. 职工薪酬统计表——企业应缴福利（2019 年 12 月）

人力资源部经理需依照人力资源助理核算的"五险一金"核算表来制作企业应缴福利表，企业应缴福利表见表 3-7。

表 3-5 职工"五险一金"核算表

序号	工号	姓名	基本工资	单位缴费								个人缴费								合计
				养老保险	医疗保险	失业保险	工伤保险	生育保险	"五险"小计	住房公积金	"五险一金"小计	养老保险	医疗保险	失业保险	工伤保险	生育保险	"五险"小计	住房公积金	"五险一金"小计	
1	1	梁天	12000	2400	1200	120	96	96	3912	1200	5112	960	243	60	0	0	1263	1200	2463	7575
2	2	张万军	7500	1500	750	75	60	60	2445	750	3195	600	153	37.5	0	0	790.5	750	1540.5	4735.5
3	3	李斌	7500	1500	750	75	60	60	2445	750	3195	600	153	37.5	0	0	790.5	750	1540.5	4735.5
…	…	…	…	…	…	…	…	…	…	…	…	…	…	…	…	…	…	…	…	…
58	58	邹建格	4000	800	400	40	32	32	1304	400	1704	320	83	20	0	0	423	400	823	2527
	合计		265500	53100	26550	2655	2124	2124	86553	26550	113103	21240	5484	1327.5	0	0	28051.5	26550	54601.5	167704.5

制表人：员工 2 2019 年 12 月 25 日　　审核人：员工 1 2019 年 12 月 25 日

表 3-6 2019 年 12 月职工薪酬统计表

部门：人力资源部

序号	工号	姓名	部门	职务类别	基本工资	缺勤天数	缺勤扣款	代扣款项目（个人）								上季度销售总额/企业净利润	季度奖金系数	辞退福利	应税工资	应扣个人所得税	实发金额
								养老保险	医疗保险	失业保险	工伤保险	生育保险	"五险"小计	住房公积金	"五险一金"小计						
1	1	梁天	企管部	总经理	12000	0	0	960	243	60	0	0	1263	1200	2463			0	9537.00	652.40	8884.60
2	2	张万军	人力资源部	部门经理	7500	0	0	600	153	37.5	0	0	790.5	750	1540.5			0	5959.50	140.95	5818.55
3	3	李斌	采购部	部门经理	7500	0	0	600	153	37.5	0	0	790.5	750	1540.5			0	5959.50	140.95	5818.55
…	…	…			…			…	…	…	…	…	…	…	…				…	…	…
58	58	邹建格	生产计划部	生产工人	4000	0	0	320	83	20	0	0	423	400	823			0	3177	0.00	3177
	合计				265500			21240	5484	1327.5	0	0	28051.5	26550	54601.5				210898.5	1737.39	119303.24

制表人：员工 2 2019 年 12 月 25 日　　复核人：员工 6 2019 年 12 月 25 日
审核人：员工 1 2019 年 12 月 25 日

部门：人力资源部

表 3-7 职工薪酬统计表——企业应缴福利

2019 年 12 月 25 日

序号	工号	姓名	部门	职务类别	缴费基数	企业应缴扣款项目							住房公积金	实缴金额
						养老保险	医疗保险	失业保险	工伤保险	生育保险	"五险" 小计			
1	1	梁天	企管部	总经理	12000	2400	1200	120	96	96	3912	1200	5112
2	2	张万军	人力资源部	部门经理	7500	1500	750	75	60	60	2445	750	3195
3	3	李斌	采购部	部门经理	7500	1500	750	75	60	60	2445	750	3195
...					...	...	...	...	...	...	...	...	...
58	58	邹建榕	生产计划部	生产工人	4000	800	400	40	32	32	1304	400	1704
总计				一	265500	53100	26550	2655	2124	2124	86553	26550	113103

9. 职工薪酬统计表——部门汇总（2019 年 12 月）

人力资源部经理将职工薪酬统计表、企业应缴福利表制作完成后，依据表中的相关信息制作职工薪酬统计部门汇总表，表格经过财务部经理审核、总经理审批后交给财务会计、成本会计用于计提费用成本。职工薪酬统计部门汇总见表 3-8。

表 3-8　职工薪酬统计表——部门汇总

部门：人力资源部　　　　　　　　　　　　　　　　　　　　　　　　　　2019 年 12 月 25 日

部门名称	部门人数	实发工资	代缴个人所得税	个人自缴福利		企业应缴福利		合计
				社会保险	住房公积金	社会保险	住房公积金	
企管部	2	13228.01	678.49	1843.5	1750	5705	1750	24955
人力资源部	2	10161.96	167.04	1371	1300	4238	1300	18538
采购部	2	10161.96	167.04	1371	1300	4238	1300	18538
仓储部	2	10161.96	167.04	1371	1300	4238	1300	18538
财务部	4	18848.78	219.22	1902	1800	5904	1800	25704
市场营销部	3	12963.07	145.43	1741.5	1650	5379	1650	23529
生产计划部	3	14505.37	193.13	1951.5	1850	6031	1850	26381
机加车间	20	57180	0	7620	7200	23472	7200	102672
组装车间	20	61950	0	8250	7800	25428	7800	111228
总计	58	209161.11	1737.39	28051.5	26550	86553	26550	378603

制表人：员工 2　2019 年 12 月 25 日　审核人：员工 1　2019 年 12 月 25 日　复核人：员工 6　2019 年 12 月 25 日

10. 职工薪酬发放表（2019 年 12 月）

人力资源部经理依据已签字完成的职工薪酬统计表制作职工薪酬发放表。表格经过审核、盖章后送交银行，由银行依据相关信息发放工资。职工薪酬发放表见表 3-9。

表 3-9　职工薪酬发放表

单位：×××童车厂　　　　　　　　　　　　　　　　　　　　　　　　　　日期：2019 年 12 月

序号	姓名	实发工资	银行账号
1	梁天	8884.60	6222022008006671000
2	张万军	5818.55	6222023803008317038
3	李斌	5818.55	6222887910052839796
4	何明海	5818.55	6220021311000929570
5	钱坤	5818.55	6222023803328317043

续表

序号	姓名	实发工资	银行账号
6	叶润中	5818.55	6222003322510124637
15	周群	4343.41	6222023602022590533
16	孙盛国	4343.41	6222023602040406670
...	...	...	...
58	邹建榕	3177.00	6222021702009932872
合计		209161.11	

11. 银企代发工资协议

实际生活中，大部分企业会与银行签订"工资代发协议"，委托银行代发工资。银企代发工资协议如图 3-4 所示。

12. 委托银行代收社会保险费合同书

依据委托银行代扣社会保险协议有关规定，人力资源和社会保障局将企业应缴、代缴社会保险缴费金额及明细发给银行，银行直接从企业账户中扣除相应款项后通知企业社会保险扣款情况。委托银行代扣社会保险协议如图 3-5 所示。

(三) 采购部读懂期初数据

新的采购部经理和采购员接手采购工作后，需要先研读前任交接的资料，包括期初采购订单、入库单、采购合同执行情况表、物料结构等，见表 3-10。

表 3-10　采购部需要了解的期初经营状况

角色	期初数据	期初数据说明
采购部经理、采购员	(一) 采购订单	前期下达未完结的采购订单，存档用
采购部经理、采购员	(二) 材料入库单	前期入库单，留作未来付款备查用
采购部经理、采购员	(三) 采购合同执行情况表	未完成的采购合同记录
采购部经理、采购员	(四) 工贸企业信息汇总表	企业供应商信息总汇
采购部经理、采购员	(五) 期初库存	各种物料的期初库存情况
采购部经理、采购员	(六) 物料清单	产品结构
采购部经理、采购员	(七) 车间产能报表	车间产能情况

1. 采购订单

在企业运营中，制造企业采购员根据签订的购销合同生成采购订单，一份购销合同可以根据需要拆分为多张采购订单。制造企业期初无已下达的采购订单。

银企代发工资合作协议

甲方：

乙方：

甲乙双方本着相互支持，共同发展的原则，经过友好协商，就"代发工资"合作事宜，达成如下协议：

第一条：乙方接受甲方委托代理甲方按月以转账方式向甲方职工发放工资（以下简称工资代发）。

第二条：甲方在委托乙方工资代发的基础上与乙方开展全面业务合作，包括结算业务、公司业务、信用卡业务等业务。

第三条：甲方在乙方开立结算账户，作为工资款项划转的账户，账户利率为国家规定的一般企业活期存款利率。甲方的职工在乙方分别开立人民币个人结算账户，作为工资划入账户。甲方向乙方提交相应的证明文件，并承诺所提供的开户资料真实、有效，如有伪造、欺诈，承担法律责任。

第四条：甲方负责告知职工开立的工商银行个人结算账户，对账户的开立、使用和撤销须遵守《人民币银行结算账户管理办法》及相关法律法规的规定。乙方负责提供银行个人结算账户的代发（代扣）等服务。该账户一经开立不得擅自销户和改变，如果职工存折遗失可由职工本人办理挂失换折；如果职工更换了代发工资账户，需由甲方相应修改职工代发工资账户，否则引起的一切后果由甲方承担。

第五条：甲方严格执行央行《人民币银行结算账户管理办法》第四十条规定，并向其开户银行提供相应的付款依据。同时，保证结算户有充足的资金支付工资代发的转账要求，并授权乙方根据委托代发工资金额自动扣划结算账户。往来账户为：_____。甲方结算户不足以支付工资金额的转账要求时，乙方不垫资转账，由此产生的经济纠纷由甲方负责处理。

第六条：手续费支付方式。每月__日（节假日顺延），甲方根据工资代发的笔数，按照每笔____元/笔向乙方支付手续费，付款方式采用甲方主动转账到乙方指定账户（511040科目，具体账户请与会计部门落实），如甲方未能按时支付乙方手续费，按照每日（3‰）向乙方支付滞纳金。

第七条：工资代发程序。乙方向甲方提供对数据文件进行加密的"企业模块"程序，甲方根据双方明确定义的数据格式生成加密数据磁盘，于每月__日，将本月代发工资加密磁盘，票据，明细交接清单一式两联交给乙方，乙方负责审核磁盘文件的有效性，负责核对磁盘代理分户金额的合计数及笔数与票据金额或明细交接清单合计金额，笔数是否相符。甲乙双方在明细交接清单上签字、盖章，并各自留存一份。乙方以此作为转账的依据。

第八条：为保证甲方代理款项的数据安全，乙方不得修改甲方数据。甲方负责对磁盘数据的真实性、有效性进行负责，如因甲方提供的账户信息不准确或因甲方的其他原因而产生的差错，由甲方承担责任。

第九条：乙方根据甲方的申请，进行款项转账。如因乙方原因不能及时处理账务信息，乙方对由此产生的后果负责。

第十条：代理业务账务处理次日，乙方将不成功的明细流水传递给甲方，并协助甲方查询不成功原因。

第十一条：本协议期限为一年，自___年__月__日到___年__月__日止。如一方出现违约，另一方有权随时终止本协议，由此造成的损失由违约方承担。甲乙双方在协议执行过程中如有异议，需提前15天提出修改意见，经双方协商后生效。

第十二条：本协议一式二份，甲乙双方各执一份。经甲、乙方签字盖章后生效。

甲方（公章）   乙方（公章）

法定代表人（签字）   法定代表人（签字）

（或授权代理人）   （或授权代理人）

    年   月   日   年   月   日

图 3-4　企业代发工资协议

北京市_____基金管理局
委托银行代收合同书

No:

甲方：(参保人)：

乙方：

为便于甲乙双方_____基金的收付结算，经双方认可，特制定如下合同：

一、甲、乙双方共同遵守中国人民银行北京市分行关于北京市特种委托收款结算办法以及社会保险的有关制度和规定，甲方同意每月由中国工商银行北京市昌平区支行通过电脑将应缴的保险费自动划入乙方账户。

二、甲方应提供在建行、农行、工行、中行四家银行中的任一家开立的缴交保险金专用存折账号。

三、乙方在每月月底划款，甲方每月5日前应在自己的账户上留有足够的资金，如甲方账户在乙方划款期间的资金不足以支付当月的保险费，乙方将在下月划款时一并划转，并自15日起每日按应划款项的2‰。加收滞纳金如果连续三个月未能划款成功，乙方将停止甲方的所有保险业务，由此造成的损失由甲方负责。

四、甲方在开立账户后，不得随意更改为其他账号，如存折不慎遗失，应及时通知乙方和开户银行，更换新账号由于甲方未通知或延迟通知乙方和开户银行，使乙方不能按时划款而造成的加收滞纳金和其他后果，均由甲方负责。

五、甲方如对划款有疑问，可到乙方查询，乙方应及时给予查对属于电脑错误等原因而造成错收的，双方协定在下月划款时多退少补，当月一般不作更改。

六、每月由乙方提供划款收据，并定期邮寄到甲方所填通信地址。

七、为保证甲、乙双方能够正常联系，甲方在更改通信地址、联系电话等之后，应立即通知乙方。

八、本协议一式三份，甲、乙双方及甲方开户行各执一份。

甲方（参保人）填写	乙方（市、区社保局/公积金管理中心）
单位名称：	个人电脑号：
通信地址：	参保起始时间：
邮政编码：	联系电话：
联系电话：	

甲方账号（**银行填写**）：
开户银行：

签订时间：　　年　　月　　日

图3-5　委托银行代收社会保险协议

2. 材料入库单

在企业运营中，采购到货后，仓储部根据采购部采购订单验货入库，填制材料入库单（材料入库单一式三联，第一联仓储部留存，第二联采购部留存，第三联财务部留存），并将第二联交给采购部。例如，从邦尼工贸 2020 年 1 月 5 日采购钢管 4800 根，填写材料入库单如图 3-6 所示。

材料入库单

制单日期：2020 年 1 月 5 日　　　　　　仓库：材料库
供应商名称：邦尼工贸有限公司　　　　类型：原材料采购
单据编号：CK-CLRK-202001001　　　　订单编号：CG-DD-202001001

序号	品名	规格	单位	入库时间	数量	备注
1	钢管	φ外 16/φ内 11/L5000mm	根	2020 年 1 月 5 日	4800	
2	—	—				
3						

采购部经理：何明海　　　　　　　　　　　　　　　　采购员：王宝珠

第二联采购部留存

图 3-6　材料入库单

3. 采购合同执行情况表

采购员下达采购订单后应及时填写"采购合同执行情况表"，并根据采购物料入库情况、货款支付情况等及时更新信息。

采购合同执行情况样表如图 3-7 所示。

采购合同执行情况表

制表部门：　　　　　　　　　　　　　　　　　编制日期：　　年　　月　　日

合同编号	合同总数	订单编号	供应商名称	物料编码	物料名称	计量单位	订货日期	订货数量	单价	总金额	计划交期	计划付款	已到数量	入库数量	不合格数量	到货日期	应付金额	已付金额	实际付款	开票情况	开票时间	备注

图 3-7　采购合同执行情况表

4. 工贸企业信息汇总表

现有和潜在的童车原材料供应商（工贸企业）信息如表 3-11 所示。

表 3-11　工贸企业信息

序号	1	2	3	4
企业法定中文名称	恒通工贸有限公司	邦尼工贸有限公司	思远工贸有限公司	新耀工贸有限公司
简称	恒通	邦尼	思远	新耀
办公电话	010-51062888	021-60423018	020-51012837	028-62500499
邮政编码	100076	100070	100076	101300
注册资金	4500000	4500000	4500000	4500000
企业注册登记日期	2015 年 1 月 4 日	2015 年 1 月 4 日	2015 年 1 月 4 日	2015 年 1 月 4 日
企业法定代表人	张艳	张伟	何聪	王敏
企业注册地址	小红门路 45 号	曙光西街 722 号	顾家庄中路 147 号	静远东街 151 号
开户银行	中国工商银行	中国工商银行	中国工商银行	中国工商银行
银行账号	0100229999000099015	0100229999000099016	0100229999000099017	0100229999000099018
社会统一信用代码	110000001012587015	110106311235740016	110020001012524017	110113050173019018

5. 期初库存

2020 年 1 月 5 日期初库存如表 3-12 所示。

表 3-12　期初库存信息

存货编码	存货类型	存货名称	规格	计量单位	期初库存量	不含税单价（元）
P0001	产成品	经济型童车	—	辆	5400	756.82
P0002	产成品	舒适型童车	—	辆	0	0
P0003	产成品	豪华型童车	—	辆	0	0
M0001	半成品	经济型童车车架	—	个	5400	346.24
M0002	半成品	舒适型童车车架	—	个	0	0
M0003	半成品	豪华型童车车架	—	个	0	0
B0001	原材料	钢管	Φ 外 16/Φ 内 11/L5000（mm）	根	10800	105.2
B0002	原材料	镀锌管	Φ 外 16/Φ 内 11/L5000（mm）	根	0	0
B0003	原材料	坐垫	HJM500	个	5400	80.18
B0004	原材料	记忆太空棉坐垫	HJM0031	个	0	0
B0005	原材料	车篷	HJ72×32×40	个	5400	144.26
B0006	原材料	车轮	HJΦ 外 125/Φ 内 60 mm	个	21600	26.89

续表

存货编码	存货类型	存货名称	规格	计量单位	期初库存量	不含税单价（元）
B0007	原材料	经济型童车包装套件	HJTB100	套	5400	90.16
B0008	原材料	数控芯片	MCX3154A	片	0	0
B0009	原材料	舒适型童车包装套件	HJTB200	套	0	0
B0010	原材料	豪华型童车包装套件	HJTB300	套	0	0

6. 物料清单

物料清单（BOM）参阅第一章第三节制造企业仓储规则及产品结构。

7. 车间产能报表

企业产能是企业在一个周期内（本案例为 1 个虚拟日）最大产出能力，是采购部制订采购计划时，考虑是否增加采购批量、获得采购价格折扣的因素之一。企业生产车间产能报表如表 3-13 所示。

表 3-13　生产车间产能报表

制表部门：生产计划部　　　　　　　　　　　　　　　　　　　　　　　　制表日期：2020 年 1 月 5 日

时间	项目	普通机床	数控机床	组装流水线	组装流水线实际可用产能
2020 年 1 月	初始产能	5000	0	7000	5000
	占用情况	0	0	0	0
	剩余产能	5000	0	7000	5000

（四）仓储部读懂期初数据

仓储部经理和仓管员在业务工作开展之前需要理解、掌握的具体内容如表 3-14 所示。

表 3-14　仓储部需要了解的期初经营状况

角色	期初数据	期初数据说明
仓储部经理、仓管员	（一）物料清单	产品结构
仓储部经理、仓管员	（二）材料和成品清单	物料名称、物料编码、规格及来源
仓储部经理、仓管员	（三）库存期初数据表	各种物料的期初库存情况

1. 物料清单

物料清单（BOM）参见第一章第三节制造企业仓储规则及产品结构。

2. 材料和成品清单

仓储部经理熟悉原材料和成品表中的所有物料名称、物料编码、规格及来源。材料和成品清单参见第一章第三节制造企业仓储规则及产品结构。

3. 库存期初数据表

仓储部经理应熟悉各物料的库存期初数量和在途（产）数量。在途数量是指企业已经下达采购订单、收到对方的结算凭证，但仍在运输途中，或已经运达企业但是尚未验收入库的材料的数量。在产数量是指已经投产，正在车间加工、组装的，未完工的半成品和成品的数量。库存期初数据表如表 3-15 所示。

表 3-15　库存期初数据

原材料和成品	库存期初数量	在途（产）数量
经济型童车	5400	0
经济型童车车架	5400	0
钢管	10800	0
坐垫	5400	0
车篷	5400	0
车轮	21600	0
经济型童车包装套件	5400	0

（五）营销部读懂期初数据

新的营销团队接手销售工作后，需要先研读前任交接的销售资料，包括销售预测、未完成的销售业务、客户资料等。营销部需要了解的期初经营状况如表 3-16 所示。

表 3-16　营销部需要了解的期初经营状况

角色	期初数据	期初数据说明
营销部经理、销售专员、市场专员	（一）销售发货明细表	已发货未收款订单
营销部经理、销售专员、市场专员	（二）2020 年度销售预测表	
营销部经理、销售专员、市场专员	（三）2020 年市场预测	1. 2020 年经济型童车销量预测 2. 2020 年经济型童车价格预测
营销部经理、销售专员、市场专员	（四）商贸企业信息汇总表	各企业客户信息
营销部经理、销售专员、市场专员	（五）期初库存	各种物料期初库存情况
营销部经理、销售专员、市场专员	（六）车间产能报表	车间产能情况

1. 销售发货明细表

在企业运营中，营销部门根据销售发货情况及时更新填写销售发货明细表，样例如图 3-8 所示。在期初数据中，制造企业无已发货订单。

销售发货明细表

单据编号	销售订单号	客户名称	产品名称	数量（辆）	货款额（元）	合同约定交货期	合同约定回款期	实际发货数量（辆）	发票开具情况	回款额（元）

图 3-8　销售发货明细表

2. 2020 年度销售预测表

销售预测是指对未来特定时间内全部产品或特定产品的销售数量与销售金额的估计。销售预测是在充分考虑未来各种影响因素的基础上，结合本企业的销售业绩，通过一定的分析方法提出切实可行的销售目标。

3. 2020 年市场预测

市场预测就是在市场调查获得的各种信息和资料的基础上，通过分析研究，运用科学的预测技术和方法，对市场未来的商品供求趋势、影响因素及其变化规律所做的分析和推断。在 VBSE 系统中，销售岗位可在系统中查询到各市场相应的市场预测。

4. 商贸企业信息汇总表

在 VBSE 系统中，实体商贸企业包括旭日、华晨、仁和、天府 4 家，虚拟客户为强盛、静洁两家。

商贸企业基本信息如表 3-17 所示。

表 3-17　商贸企业基本信息

序号	1	2	3	4	5	6
企业法定中文名称	旭日商贸有限公司	华晨商贸有限公司	仁和商贸有限公司	天府商贸有限公司	湖北强盛商贸有限公司（中部）	湖北静洁商贸有限公司（中部）
简称	旭日	华晨	仁和	天府	强盛	静洁
办公电话	010-68500412	021-62570416	020-63470422	028-62500478	027-84859011	027-84852312
邮政编码	100094	100084	100086	100080	430090	430120
注册资金	4500000	4500000	4500000	4500000	1000000	1000000
企业注册登记日期	2015 年 1 月 4 日	2015 年 1 月 4 日	2015 年 1 月 4 日	2015 年 1 月 4 日	2015 年 1 月 4 日	2015 年 1 月 4 日
企业法定代表人	李峰	王强	董浩	康庄	—	—

序号	1	2	3	4	5	6
企业注册地址	北清路5号	沙静南路671号	安杰北街18号	丰豪中街55号	武汉市汉南区纱帽街汉南大道12号	武汉市星源大道19号
开户银行	中国工商银行	中国工商银行	中国工商银行	中国工商银行	中国工商银行	中国工商银行
银行账号	0100229999000099011	0100229999000099012	0100229999000099013	0100229999000099014	4563512600681022353	4563512600681022354
社会统一信用代码	110108554831327011	110108753990101012	110108554831245013	110108120101673014	420113000028713009	420113000028193010

5. 期初库存

期初库存参见表3-12。

6. 车间产能报表

车间产能报表参见表3-13。

（六）生产计划部读懂期初数据

生产计划部经理、生产计划员和车间管理员在业务工作开展之前需要理解、掌握的具体内容如表3-18所示。

表3-18　生产计划部需要了解的期初经营状况

角色	期初数据	期初数据说明
计划员	（一）派工单	前期下达未完工的派工单
车间管理员	（二）生产执行情况表	未完工的生产记录
生产计划部经理	（三）年度销售预测	2020年销售预测
生产计划部经理	（四）期初库存	各种物料的期初库存情况
生产计划部经理	（五）物料清单	产品结构
生产计划部经理	（六）车间产能报表	车间产能情况

1. 派工单

派工单（又称工票或传票）是指生产管理人员向生产人员派发生产指令的单据，是制造企业中对工人分配生产任务并记录其生产活动的原始记录。

例如，2020年1月5日生产计划部安排生产5000辆经济型童车，派工单样单如表3-19所示。

表 3-19　经济型童车派工单

派工部门：生产计划部

派工单号：SC-PG-202001001　　　　　　　　　　　　　　　　派工日期：2020 年 1 月 5 日

派工单号	产品名称	工序	工序名称	工作中心	生产数量	计划进度	
						开始日期	完工日期
0001	经济型童车	20	组装	组装流水线	5000	1 月 5 日	1 月 25 日

生产计划部经理：李玉鹏　　　　　　　　　　　　　　　　　　车间管理员：周群

2. 生产执行情况表

企业在下达生产任务后，需要适时反映如下信息：每一张生产任务单所需生产的产品是否完工？何时完工？是按计划生产完工还是延期完工？已完工的产品是分多少批完工入库？

记录生产执行情况表是为了避免造成出货延期，制造企业期初没有安排生产。生产执行情况表如图 3-9 所示。

生产执行情况表

编制部门：　　　　　　　　　　　　　　　　　　　　　编制日期：　　年　　月　　日

派工单号	产品名称	领料情况	开工数量	完工数量	开工日期	计划完工日期	完工日期	在产品数量	完工入库数量	产品入库日期	备注

图 3-9　生产执行情况表

3. 2020 年度销售预测表

销售预测表参见本章制造企业营销部读懂期初数据。

4. 期初库存

期初库存参见表 3-12。

5. 物料清单

物料清单（BOM）参阅第一章第三节制造企业仓储规则及产品结构。

6. 车间产能报表

车间产能报表参见表 3-13。

（七）财务部读懂期初数据

财务部门读懂期初数据的工作与期初建账密切相关，详见本章第二节制造企业财务部期初建账，此处略去。

二、工贸企业

工贸企业是制造企业的上游企业，其主要业务是从虚拟供应商采购原材料，然后销售给制造企业。工贸企业组织结构简单，由行政部、业务部和财务部三个部门构成。

（一）行政部读懂期初数据

参照本章制造企业企管部读懂期初数据、人力资源部读懂期初数据。

（二）业务部读懂期初数据

参照本章制造企业采购部读懂期初数据、营销部读懂期初数据和仓储部读懂期初数据。

（三）财务部读懂期初数据

参照本章制造企业财务部读懂期初数据。

三、商贸企业

在 VBSE 中，商贸企业是制造企业的下游企业，其主要业务是从各家制造企业购买童车，然后销售给虚拟客户。商贸企业下设行政部、营销部、采购部、仓储部和财务部五个部门。

（一）行政部读懂期初数据

参照本章制造企业企管部读懂期初数据、人力资源部读懂期初数据。

（二）营销部读懂期初数据

参照本章制造企业营销部读懂期初数据。

（三）采购部

参照本章制造企业采购部读懂期初数据。

（四）仓储部

参照本章制造企业仓储部读懂期初数据。

（五）财务部读懂期初数据

参照本章制造企业财务部读懂期初数据。

第二节　期初建账

一、制造企业

（一）企管部期初建账

为了反映和监督固定资产增减变化的总况和详细情况，除了财务部需要设置固定资产总分类账和明细分类账外，企管部的行政助理需要建立固定资产卡片账和固定资产登记簿。

1. 固定资产卡片账

为了反映和监督每项不同性能和用途的固定资产的增减变化情况，企业应该以每一个固定资产项目为对象建立固定资产卡片，进行固定资产的明细分类核算。

截至 2020 年 1 月 1 日，企业拥有固定资产 33 项，每项固定资产均需登记在固定资产卡片上，固定资产卡片见图 3-2。

2. 固定资产登记簿

为了正确反映各类固定资产的使用、保管和增减动态，除了设置固定资产卡片外，还要设置固定资产登记簿，分年度按照固定资产的类别进行明细分类核算，并定期与固定资产卡片进行核对。

（二）人力资源部期初建账

人力资源部需要依据期初经营状况表（见表 3-2）核对期初明细资料是否齐全，建立职工薪酬统计表（2019 年 12 月）、"五险一金"核算表（2019 年 12 月）、职工薪酬统计表——部门汇总（2019 年 12 月）、职工薪酬统计表——企业应缴福利（2019 年 12 月）和职工薪酬发放表（2019 年 12 月）。具体内容参看本章第一节的人力资源部读懂期初数据。

（三）采购部期初建账

采购部需要依据期初经营状况表（见表 3-10），核对期初明细资料是否齐全。具体内容参看本章第一节的采购部读懂期初数据。

（四）仓储部期初建账

1. 库存期初数据表

仓储部查看期初库存信息表中各物料的库存期初数量，期初库存信息如表3-15所示。

2. 建立期初库存台账

库存台账是用来核算、监督库存物料和产成品的出入库和结存情况，需将各种物料分别设账，以便清晰地反映该物料的进、销、存情况。

初次建账，仓管员先盘点所有物料的实物库存数量，再按各种物料分别建账，将实存数作为台账的期初库存，以后每次入库和出库的物料数量都应及时、准确地在台账上进行登记，并计算出结存数量。

仓储部经理根据库存期初数据表，建立库存台账，做到一物一账，并将物料的库存期初数量填入相应的库存台账。例如，2020年1月5日库存钢管10800根，建立钢管库存台账如表3-20所示。

表3-20　库存台账

物料名称：钢管　　　　　　规格：Φ外16/Φ内11/L5000mm　　　　最高存量：
物料编号：B0001　　　　　　仓位：A01　　　　　　　　　　　　　最低存量：

2020年		凭证号数	摘要	入库		出库		结存	
月	日			数量	单价	数量	单价	数量	单价
1	5		上年结转					10800	

（五）营销部期初建账

营销部需要依据期初经营状况表（见表3-16）核对期初明细资料是否齐全。具体内容参看本章第一节的营销部读懂期初数据。

（六）生产计划部期初建账

生产计划部需要依据期初经营状况表（见表3-18）核对期初明细资料是否齐全。具体内容参看本章第一节的生产计划部读懂期初数据。

（七）财务部期初建账

1. 财务部经理期初建账

财务部经理首先需要检查实习用品，包括总账、期初数据资料、报表及相关办公用品等，然后依据会计科目期初余额表开设总账账簿。

（1）认识总账。总账也称总分类账，是根据国家规定的一级会计科目开设，用来登记全部经济业务，提供总括核算资料的分类账簿。总账所提供的核算资料，是编制会计报表的主要依据，任何单位都必须设置总账。

总账采用订本式账簿，一般采用"借方""贷方""余额"三栏式，总账的账页格式如图3-10所示。

总　账

年		凭证		摘要	借　　方										贷　　方										方向	余　　额										√
月	日	字	号数		亿	千	百	十	万	千	百	十	元	角	分	亿	千	百	十	万	千	百	十	元	角	分		亿	千	百	十	万	千	百	十	元	角	分	

科目名称：　　　　　　　　　　　　　　　　　　　　　　　　　　　　　　　　　第　页

图3-10　总账的账页格式

（2）总账的启用。会计账簿是重要的会计档案。在账簿启用时，应在"经管人员一览表"中详细记载下列内容：单位名称、账簿页数、启用日期，并加盖单位公章；经管人员（包括企业负责人、主管会计、复核和记账人员等）均应签名盖章，总账经管人员一览表如图3-11所示。

经管人员一览表

单位名称	好住童车厂				
账簿名称	总账				
账簿页数	100页				
使用日期	2011.10.01				
单位领导签章		郭某	会计主管签章	钱坤	
经管人员职别	姓名	经管或接管日期	签章	移交日期	签章
财务经理	钱坤	2011年10月01日	钱坤	年　月　日	
		年　月　日		年　月　日	
		年　月　日		年　月　日	
		年　月　日		年　月　日	
		年　月　日		年　月　日	
		年　月　日		年　月　日	
		年　月　日		年　月　日	

图3-11　总账经管人员一览表

（3）开设账户。总账是订本式，不能添加账页，所以在建账前应估计每个科目的业务量，预留出足够的记录空间，例如1~3页登记现金总账，4~7页登记银行存款总账等；然后在每页写上账户名称，并在每个账户起始页右边的边缘粘贴表明账户名称的口取纸，完成账户开设工作。

库存现金总账如图3-12所示。

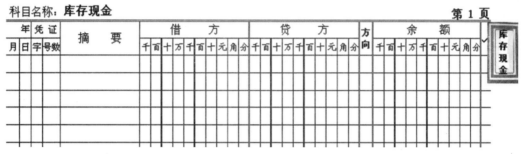

图 3-12　库存现金总账

（4）录入期初余额。录入期初余额时，首先填写年、月、日；其次在摘要栏写"上年结转"；最后根据科目余额表将一级科目余额登记在总账账户的"余额"栏，并写出余额方向是"借"或"贷"，无余额的账户不登记。

例如，库存现金总账期初建账如图3-13所示。用同样的方法完成其他总账的期初建账工作。

总　账

科目名称：**库存现金**　　　　　　　　　　　　　　　　　　　　　　　　　第 1 页

2011年		凭证		摘　　要	借　　方									贷　　方									方向	余　　额								
月	日	字	号数		千	百	十	万	千	百	十	元	角	分	千	百	十	万	千	百	十	元	角	分		千	百	十	万	千	百	十	元	角	分
10	1			上月结转																					借			2	0	0	0	0	0	0

图 3-13　库存现金总账期初建账

2. 出纳期初建账

出纳首先需要检查实习用品，包括现金日记账、银行存款日记账、期初文档及相关办公用品等，然后依据现金和银行存款科目期初余额开设相应的日记账账簿。

（1）认识日记账。日记账也称序时账，是按经济业务发生时间的先后顺序，逐日逐笔登记的账簿。出纳应当根据办理完毕的收、付款凭证，序时、逐笔地登记日记账，每天营业终了结出余额。日记账分为现金日记账和银行存款日记账，采用订本式。

现金日记账是用来登记库存现金的收入、支出和结存情况的账簿；银行存款日记账是用来登记银行存款的收入、支出和结存情况的账簿。日记账的格式一般有"三栏式""多栏式"和"收付分页式"三种，在实际工作中大多采用"三栏式"账页格式。现金日记账如图3-14所示，银行存款日记账如图3-15所示。

现金日记账

年		凭证		摘　要	对方科目	借　方										贷　方										余　额									
月	日	字	号数			千	百	十	万	千	百	十	元	角	分	千	百	十	万	千	百	十	元	角	分	千	百	十	万	千	百	十	元	角	分

图 3-14　现金日记账

银行存款日记账

年		凭证		摘　要	对方科目	借　方										贷　方										余　额									
月	日	字	号数			千	百	十	万	千	百	十	元	角	分	千	百	十	万	千	百	十	元	角	分	千	百	十	万	千	百	十	元	角	分

图 3-15　银行存款日记账

（2）日记账的启用。日记账的启用参考总账的启用。

（3）录入期初余额。录入期初余额时，首先填写年、月、日；其次在摘要栏写上"上年结转"；最后根据科目余额表将科目余额登记在"余额"栏。

例如，库存现金日记账期初建账如图3-16所示。用同样的方法完成银行存款日记账期初建账。

现金日记账

2020年		凭证		摘　要	对方科目	借　方										贷　方										余　额									
月	日	字	号数			千	百	十	万	千	百	十	元	角	分	千	百	十	万	千	百	十	元	角	分	千	百	十	万	千	百	十	元	角	分
1	5			上年结转																								2	0	0	0	0	0	0

图 3-16　库存现金日记账期初建账

3. 财务会计期初建账

进入财务会计岗位，首先需要检查实习用品，包括科目余额表、期初文档及相关办公用品等，然后依据明细科目期初余额开设岗位内的各个明细账账簿。

（1）认识明细账。明细账也称明细分类账，是根据总账科目所属的明细科目设置，用于分类登记某一类经济业务事项，提供有关明细核算资料的账簿。明细账一般采用活页式账簿。各单位应结合自己经济业务的特点和经营管理的要求，在总分类账的基础上设置若干明细分类账，作为总分类账的补充。

明细分类账按账页格式不同可分为三栏式、数量金额式和多栏式。

①三栏式明细账。三栏式明细账的账页只设借方、贷方和余额三个金额栏。这种格式适用于那些只需要进行金额核算而不需要进行数量核算的明细科目核算，如"应收账款""应付账款"等债权债务结算科目的明细分类核算。

三栏式明细账如图 3-17 所示。

明细账

明细科目：

年		凭证		摘　　要	日页	借　方									贷　方									借或贷	余　额								
月	日	种类	号数			百	十	万	千	百	十	元	角	分	百	十	万	千	百	十	元	角	分		百	十	万	千	百	十	元	角	分

图 3-17　三栏式明细账

②数量金额式明细账。数量金额式明细账的账页按借方、贷方和结存栏设置，栏内再分别设数量和金额栏。这种格式适用于既需要进行金额核算，又需要进行实物数量核算的各种财产物资的明细核算，如"原材料""库存商品"等财产物资科目的明细分类核算。在这种明细分类账格式的上端，一般应该根据实际需要，设置一些必要的项目，如材料、产品的类别、名称、规格、计量单位、存放地点，有的还要标明最高和最低储备数量等。通过数量金额式明细账的记录，可以了解各种材料、库存商品的增加、减少和结存情况，有利于对材料、库存商品的日常管理和监督。

数量金额式明细账如图 3-18 所示。

③多栏式明细账。多栏式明细账的账页按照明细科目或明细项目分设若干专栏，在同一账页上集中反映各有关明细科目或各明细项目的金额。这种格式适用于费用成本、收入的明细核算，如"制造费用""管理费用"和"生产成本"等科目的明细分类核算。

	本账页数	
	本户页数	

明细账

最高存储量_____
最低存储量_____
编号____规格____
单位___ 名称___

年		凭证		摘要	借　　方			贷　　方			借或贷	余　　额			√
月	日	字	号数		数量	金额 百十万千百十元角分		数量	金额 百十万千百十元角分			数量	金额 百十万千百十元角分		

图 3-18　数量金额式明细账

多栏式明细账如图 3-19 所示。

生产成本明细账

图 3-19　多栏式明细账

（2）明细账的启用。明细账的启用参考总账的启用。

（3）开设账户。按照会计科目表的顺序和名称，在明细账页上建立二级或三级明细账户。每个明细科目至少建立一个账页，明细账是活页式，在建账后若出现页数不够，可以随时添加账页。在每页写上二级、三级明细账户名称后，再在每个账户起始页右边缘粘贴表明账户名称的口取纸，完成账户开设工作。

（4）录入期初余额。录入期初余额的方法，可参考总账、日记账。例如，应付账款明细账期初建账如图 3-20 所示。

应付账款明细账

二级科目名称：隆飞物流

2020 年		凭证		摘　要	借　方		贷　方		借或贷	余　额		记账
月	日	种	号数		千百十万千百十元角分		千百十万千百十元角分			千百十万千百十元角分		
1	5			上年结转					贷	2 3 4 0 0 0 0 0		

图 3-20　应付账款明细账期初建账

4. 成本会计期初建账

进入成本会计岗位，首先需要检查实习用品，包括单据、期初文档、账簿、报表及相关办公用品等，然后依据明细科目期初余额开设岗位内明细账。

（1）认识明细账。明细账包括三栏式、数量金额式和多栏式，分别如图 3-17、图 3-18 和图 3-19 所示。

（2）明细账的启用。明细账的启用参考总账的启用。

（3）开设账户。开设多栏式明细账、数量金额式明细账时，应在每页写上账户名称，填写账页上端内容，并在每个账户起始页右边缘粘贴表明账户名称的口取纸，完成账户开设工作。

（4）录入期初数据

①数量金额式明细账期初数据的录入。以原材料为例，数量金额式明细账期初余额的登记如图 3-21 所示。

最高存储量＿＿＿＿＿
最低存储量＿＿＿＿＿
编号 B0003 规格 HJM500

原材料明细账

本账页数	
本户页数	

单位 个　名称 坐垫

2020年		凭证		摘要	借　方										贷　方										借或贷	余　额										√
月	日	种类	号数		数量	金额	百	十	万	千	百	十	元	角	分	数量	金额	百	十	万	千	百	十	元	角	分		数量	金额	百	十	万	千	百	十	元	角	分
1	5			上月结转																							借	500	50			2	5	0	0	0	0	0	0

图 3-21　数量金额式明细账期初建账

②多栏式明细账期初数据的录入。以经济型童车生产成本为例，多栏式明细账的登记如图 3-22 所示。

财务部除手工建账以外，也可以利用财务信息化软件进行建账操作，具体方法参见附录一。

二、工贸企业

在 VBSE 系统中，工贸企业的组织岗位相对较少，建账任务相对繁重。其中财务部负责整体账簿的填制工作，包括总账、三栏式明细账、多栏式明细账、数量金额式明细账及日记账，也可以参考附录一采用信息化建账。行政部负责盘点库存实物，清点公司各项资产，填制固定资产卡片；建立职工薪酬统计表、"五险一金"核算表、职工薪酬统计表——部门汇总、职工薪酬统计表——企业应缴福利和职工薪酬发放表。业

生产成本明细账

批号：_____ 产品名称：__普通童车__ 规格型号：_____ 计量单位：__辆__

2020年		凭证号	摘要	借方									成本项目 直接材料									直接工人									制造费用								
月	日			百	十	万	千	百	十	元	角	分	百	十	万	千	百	十	元	角	分	百	十	万	千	百	十	元	角	分	百	十	万	千	百	十	元	角	分	百	十
1	5		上月结转（4000）		1	3	2	0	0	0	0	0		1	3	2	0	0	0	0	0																				

图 3-22 多栏式明细账期初建账

务部查看期初库存信息表中各物料的库存期初数量，建立库存台账。

具体方法可参见本章制造企业各部门期初建账。

三、商贸企业

在 VBSE 系统中，商贸企业下设行政部、营销部、采购部、仓储部和财务部五个部门。其中财务部负责整体账簿的填制工作，包括总账、三栏式明细账、多栏式明细账、数量金额式明细账及日记账，也可以参考附录一采用信息化建账。行政部负责盘点库存实物，清点公司各项资产，填制固定资产卡片；建立职工薪酬统计表、"五险一金"核算表、职工薪酬统计表——部门汇总、职工薪酬统计表——企业应缴福利和职工薪酬发放表；仓储部查看期初库存信息表中各物料的库存期初数量，建立库存台账。

具体方法可参见本章制造企业各部门期初建账。

第一节　制造企业

一、MJK1 企管部借款（制造企业）

（一）业务描述

制造企业行政助理为开展业务，需要到财务部借备用金，并依据公司流程办理相关手续。

（二）业务流程

业务流程如图 4-1 所示。

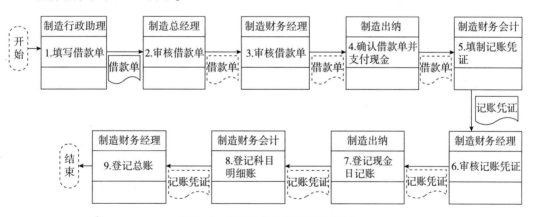

图 4-1　制造企业企管部借款流程

（三）注意事项

财务会计依据借款单填制记账凭证，其可参考的会计分录为：

借：其他应收款——备用金
　　贷：库存现金

其他部门借款业务参见此业务操作。

二、MSC1 整理销售需求（制造企业）

（一）业务描述

营销部根据与商贸企业签订的销售订单进行汇总制表，并将此表传递给生产计划部和采购部，作为主生产计划制订的依据。

（二）业务流程

业务流程如图 4-2 所示。

图 4-2　制造企业整理销售需求流程

（三）注意事项

（1）销售专员在 VBSE 系统平台业务操作中，查看已录入的销售订单，据此编制销售订单汇总表，销售订单汇总表包含产品名称、数量和交货日期等信息，一式两份。

（2）审核通过的销售订单汇总表最终被送往生产计划部作为制订主生产计划（MPS）的主要依据，并送往采购部作为采购计划的整体指导。

三、MSC2 编制主生产计划（制造企业）

（一）业务描述

生产计划部依据营销部提供的销售信息，结合当前生产和库存的状况，编制主生产计划。

（二）业务流程

业务流程如图 4-3 所示。

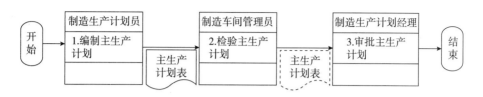

图 4-3 制造企业编制主生产计划流程

（三）注意事项

主生产计划（Master Production Schedule，MPS）是描述企业生产什么、生产多少以及什么时段完成的生产计划。主生产计划通常根据销售预测表、销售订单汇总表、生产车间产能报表计算获得。

四、MSC3 编制物料净需求计划（制造企业）

（一）业务描述

生产计划员依据主生产计划、物料库存、BOM 等信息进行物料净需求计算，编制物料净需求计划表，并由生产计划部经理审核后，送交采购部作为采购依据。

（二）业务流程

业务流程如图 4-4 所示。

图 4-4 制造企业编制物料净需求计划流程

（三）注意事项

物料总需求计划（Material Requirement Planning，MRP）是在一段时间内整个生产计划所需要的物料量，而净需求计划就是在总需求量上扣除现有库存量、已订购量、在途量，其实质就是还需要完成的订购量。

五、MSC4 派工领料——车架（制造企业）

（一）业务描述

生产计划部生产计划员依据主生产计划表填写派工单，车间管理员根据派工单和BOM填写领料单去仓库领取生产所需物料，仓管员按领料单发放物料并登记库存台账。

（二）业务流程

业务流程如图4-5所示。

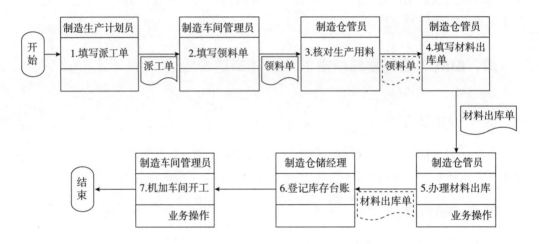

图4-5　制造企业派工领料——车架流程

（三）注意事项

（1）在业务流程第五步中，仓管员根据材料出库单在 VBSE 系统平台业务操作中录入物料出库数量，完成原材料出库业务。

（2）在业务流程第七步中，车间管理员根据派工单在 VBSE 系统平台业务操作中录入派工数量，完成车架派工业务。

（3）原材料发出的计价方法为全月一次加权平均法，发出材料的成本月末计算，所以生产领料时只更新库存台账（登记出库数量）而不执行填制记账凭证和记账操作。

（4）派工时，每台生产设备同一批次只能生产同一产品，不允许混合生产。

（5）车架生产周期为一个虚拟日，即车架上线生产后需到下个虚拟日完工。

六、MSC5 派工领料——童车（制造企业）

（一）业务描述

生产计划部生产计划员依据主生产计划表填写派工单，车间管理员根据派工单和 BOM 填写领料单去仓库领取生产所需物料，仓管员按领料单发放物料并登记库存台账。

（二）业务流程

业务流程如图 4-6 所示。

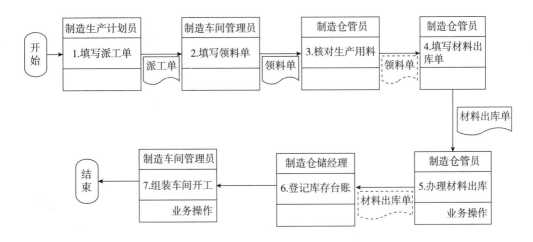

图 4-6　制造企业派工领料——童车流程

（三）注意事项

（1）在业务流程第五步中，仓管员根据材料出库单在 VBSE 系统平台业务操作中录入物料出库数量，完成物料出库业务。

（2）在业务流程第七步中，车间管理员根据派工单在 VBSE 系统平台业务操作中录入派工数量，完成整车派工业务。

（3）原材料发出的计价方法为全月一次加权平均法，发出材料的成本月末计算，所以生产领料时只更新库存台账（登记出库数量）而不执行填制记账凭证和记账操作。

（4）派工时，每台生产设备同一批次只能生产同一产品，不允许混合生产。

（5）整车组装生产周期为一个虚拟日，即整车上线组装需到下个虚拟日完工。

七、MSC6 车架完工入库（制造企业）

（一）业务描述

生产计划部完成车架生产，并由生产计划部经理审核后，仓管员办理入库并登记库存台账。

（二）业务流程

业务流程如图 4-7 所示。

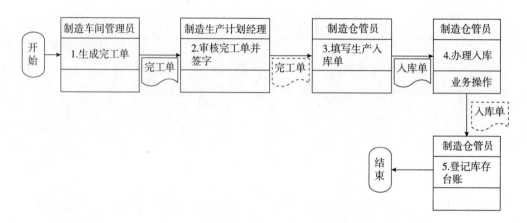

图 4-7　制造企业车架完工入库流程

（三）注意事项

（1）在业务流程第四步中，仓管员根据入库单在 VBSE 系统平台业务操作中，完成车架完工入库业务。

（2）完工入库时注意仓库容量情况，剩余容量不足会导致无法完工入库。

八、MSC7 整车完工入库（制造企业）

（一）业务描述

车间管理员在完成整车生产后，填写完工送检单交由生产计划部经理代为检验，并填写完工单送到仓库，由仓管员办理入库、登记库存台账。

（二）业务流程

业务流程如图 4-8 所示。

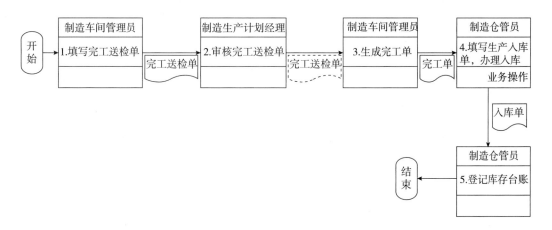

图 4-8 制造企业整车完工入库流程

（三）注意事项

（1）在业务流程第四步中，仓管员根据入库单在 VBSE 系统平台业务操作中，完成整车完工入库业务。

（2）完工入库时注意仓库容量情况，剩余容量不足会导致无法完工入库。

九、MXC1 核算薪酬（制造企业）

（一）业务描述

薪酬核算主要是对员工货币性薪酬的计算。每月月末，人力资源助理收集考勤等薪资信息，根据薪酬标准计算薪资，编制职工薪酬统计表、"五险一金"核算表、职工薪酬统计表——部门汇总、职工薪酬统计表——企业应缴福利、职工薪酬发放表和应付职工薪酬科目明细表，经财务经理、总经理审批后，财务部门填写记账凭证，并完成相关明细账和总账登记。

（二）业务流程

业务流程如图 4-9 所示。

（三）注意事项

（1）财务会计根据工资表填制记账凭证，其可参考的会计分录为：

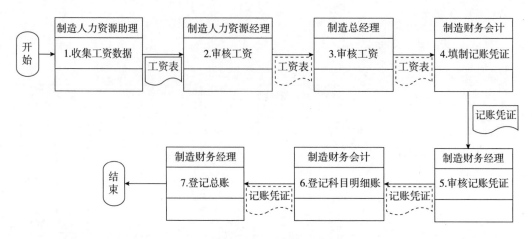

图 4-9　制造企业核算薪酬流程

借：生产成本——经济型童车车架——直接人工

生产成本——经济型童车——直接人工

管理费用——工资

销售费用——工资

　　贷：应付职工薪酬——工资

　　　　应付职工薪酬——社会保险费

　　　　应付职工薪酬——住房公积金

（2）在实训中，机加车间工人的薪酬计入生产成本——经济型童车车架——直接人工，组装车间工人的薪酬计入生产成本——经济型童车——直接人工，销售部门人员的薪酬计入销售费用——工资，其余所有管理岗位人员的薪酬计入管理费用——工资。

（3）为简化运算，生产计划部人员的薪酬计入管理费用——工资。

十、MZJ1 计提折旧（制造企业）

（一）业务描述

固定资产折旧是指一定时期内为弥补固定资产损耗而按照规定的固定资产折旧率提取的固定资产折旧数额。每月月末，财务会计依据固定资产政策和固定资产明细账计提折旧；由成本会计和财务会计填写记账凭证并登记相关明细账；最后由财务经理完成总账登记。

（二）业务流程

业务流程如图 4-10 所示。

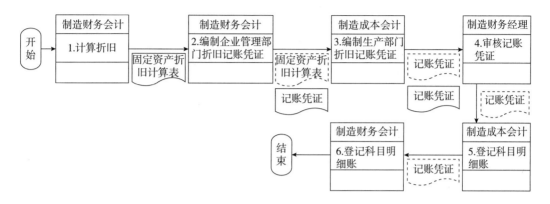

图 4-10　制造企业计提折旧流程

（三）注意事项

（1）财务会计根据企管部门固定资产折旧计算表填制记账凭证，其可参考的会计分录为：

借：管理费用——折旧费

销售费用——折旧费

贷：累计折旧

（2）成本会计根据生产部门固定资产折旧计算表填制记账凭证，其可参考的会计分录为：

借：制造费用——机加车间——折旧费

制造费用——组装车间——折旧费

贷：累计折旧

（3）为简化运算，生产计划部设备折旧计入制造费用，并在两个生产车间平均分配；厂房折旧按照各类生产设备占用厂房的空间比例在两个生产车间进行分配。

十一、MCB1 成本核算（制造企业）

（一）业务描述

在实训中，采用分步法计算生产成本，即根据业务发生时收集的数据，逐步核算原材料出库成本、车架入库成本、车架出库成本和整车入库成本，并编制相关记账凭证，登记明细账。

（二）业务流程

业务流程如图 4-11 所示。

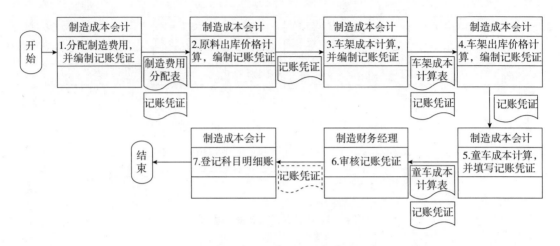

图 4-11　制造企业成本核算流程

（三）注意事项

（1）产品成本包括直接材料、直接人工和制造费用。

（2）直接材料成本的核算。在核算材料成本时，采用全月一次加权平均法核算发出材料单价，原材料采购产生的运费按照货物金额比例分摊到原材料的采购金额中。

一是依据原材料数量金额式明细账、仓储部门传递的采购入库单、材料出库单，成本会计计算生产车架原材料出库价格并编制记账凭证。

以经济型童车车架为例，结转经济型童车车架发出材料成本，其可参考的会计分录为：

借：生产成本——经济型童车车架——直接材料

　　贷：原材料——钢管

　　　　原材料——坐垫

二是依据原材料和自制半成品数量金额式明细账、仓储部门传递的采购和生产入库单、材料出库单，成本会计计算生产整车原材料和自制半成品出库价格并编制记账凭证。

以经济型童车为例，结转经济型童车发出材料成本，其可参考的会计分录为：

借：生产成本——经济型童车——直接材料

　　贷：原材料——车轮

　　　　原材料——车篷

　　　　原材料——经济型童车包装套件

　　　　半成品——经济型童车车架

（3）直接人工成本的核算。根据"薪酬核算"任务中财务会计填制的记账凭证核算车架和童车的人工成本。

（4）制造费用的归集和分配。制造费用是企业为生产产品和提供劳务而发生的各项间接成本。各生产车间发生的各项直接费用（如车间水电费、车间设备折旧等）和共同发生的间接费用计入制造费用。其中，各车间发生的直接费用分别计入"制造费用——X车间"，间接费用按分配标准先归集再分配后计入各车间制造费用中。

期末再按一定的分配标准将制造费用分配结转到产品"生产成本"的制造费用中，以计入机加车间的制造费用结转至经济型童车车架的生产成本为例，其可参考的会计分录为：

借：生产成本——经济型童车车架——制造费用
　　贷：制造费用——机加车间——折旧费
　　　　制造费用——机加车间——水电费

如果同一车间生产不同产品，以各产品完工数量为分配标准，分配该车间制造费用至产成品的生产成本中。

（5）完工入库产品成本。

①结转经济型童车车架生产成本。

借：半成品——经济型童车车架
　　贷：生产成本——经济型童车车架——直接材料
　　　　生产成本——经济型童车车架——直接人工
　　　　生产成本——经济型童车车架——制造费用

②结转经济型童车生产成本。

借：库存商品——经济型童车
　　贷：生产成本——经济型童车——直接材料
　　　　生产成本——经济型童车——直接人工
　　　　生产成本——经济型童车——制造费用

十二、MCH1 销售成本核算（制造企业）

（一）业务描述

销售成本是指已销售产品的生产成本或已提供劳务的劳务成本以及其他销售的业务成本。月末，按照销售商品的名称及数量，分别根据库存商品中结转出的平均成本价，进行主营业务成本的计算结转，其计算公式为：

主营业务成本=产品销售数量或提供劳务数量×产品单位生产成本或单位劳务成本

就销售产品而言，产品销售数量可直接在"库存商品明细账"上取得。产品单位生产成本可采用多种方法进行计算确定，如先进先出法、移动加权平均法、全月一次加权平均法等。根据会计核算一贯性原则的要求，企业一经选定某一种方法后，不得随意变动。

实训中采用全月一次加权平均法计算产品单位成本，将本期产成品入库成本与期初库存产成品成本加权平均后，作为产成品的出库成本，再根据此出库成本和出库数量核算销售成本。财务会计根据汇总的销售出库单编制销售成本结转表，由财务经理审核后，填写记账凭证，登记相关明细账。

（二）业务流程

业务流程如图 4-12 所示。

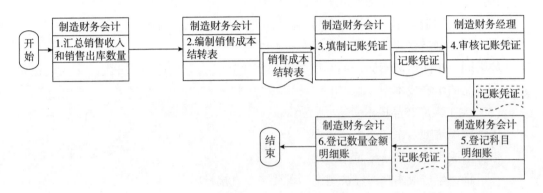

图 4-12　制造企业销售成本核算流程

（三）注意事项

参考"成本核算"任务中核算出的童车生产成本，采用全月一次加权平均法核算童车出库单价，根据销售出库单和销售成本结转表编制记账凭证。以经济型童车为例，其可参考的会计分录为：

借：主营业务成本——经济型童车
　　贷：库存商品——经济型童车

十三、MQM1 期末账务处理（制造企业）

（一）业务描述

每月月末，财务部门进行期末财务处理，包括结转损益、计提企业所得税并结转、结转本年利润、计提法定盈余公积并结转等业务。

（二）业务流程

业务流程如图 4-13 所示。

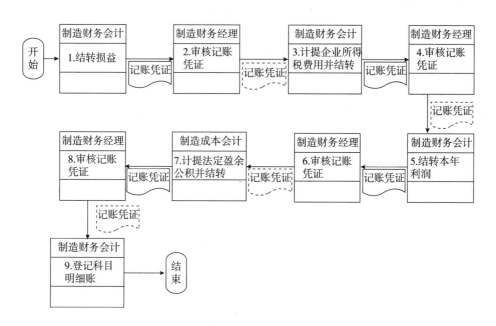

图 4-13　制造企业期末账务处理流程

（三）注意事项

（1）计算当月未交增值税。每月月末，企业要计算当月未交增值税，并将本月发生的应交未交增值税额自"应交增值税"明细账转入"未交增值税"明细账。

借：应交税费——应交增值税——转出未交增值税

　　贷：应交税费——未交增值税

（2）计提税金及附加。

借：税金及附加

　　贷：应交税费——城市维护建设税

　　　　应交税费——教育费附加

（3）结转"收入"和"费用"等损益类账户。

①借：主营业务收入

　　贷：本年利润

②借：本年利润

　　贷：主营业务成本

　　　　管理费用

　　　　销售费用

　　　　财务费用

　　　　税金及附加

（4）计提所得税，并将所得税费用转入本年利润。

①借：所得税费用

　　贷：应交税费——应交所得税

②借：本年利润

　　贷：所得税费用

（5）结转本年利润。

借：本年利润

　　贷：利润分配——未分配利润

（6）计提并结转法定盈余公积。

①借：利润分配——提取法定盈余公积

　　贷：盈余公积——法定盈余公积

②借：利润分配——未分配利润

　　贷：利润分配——提取法定盈余公积

通常，（4）（5）（6）只在年末进行。

十四、MLR1 编制利润表（制造企业）

（一）业务描述

财务经理根据总分类账和明细账期末余额和发生额编制利润表。

（二）业务流程

业务流程如图 4-14 所示。

图 4-14　制造企业编制利润表流程

十五、MZC1 编制资产负债表（制造企业）

（一）业务描述

财务经理根据总分类账以及明细分类账期末余额编制资产负债表。

（二）业务流程

业务流程如图4-15所示。

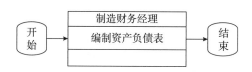

图4-15 制造企业编制资产负债表流程

十六、zjBI001 制订战略及计划（制造业）

（一）业务描述

总经理组织营销部、生产计划部、采购部等部门经理，召开公司战略规划会议，形成公司总战略，分解制订运营计划。

（二）业务流程

业务流程如图4-16所示。

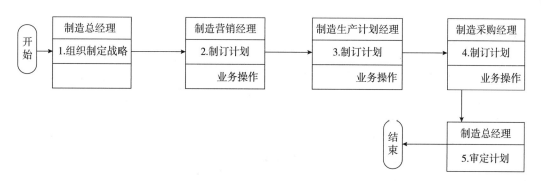

图4-16 制造业制订战略及计划

十七、zjBI006 经营分析与总结（制造业）

（一）业务描述

总经理组织部门经理，召开公司经营分析与总结，完成述职报告。

（二）业务流程

业务流程如图 4-17 所示。

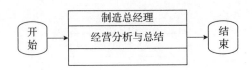

图 4-17　制造业经营分析与总结

第二节　工贸企业

一、TJK1 行政部借款（工贸企业）

工贸企业行政经理为开展业务，需要到财务部借备用金，并依据公司流程办理相关手续，具体业务流程及可参考的会计分录参考本章第一节的 MJK1 企管部借款（制造企业）。

二、TXC1 核算薪酬（工贸企业）

（一）业务描述

在实训中，薪酬由基本工资、绩效工资、辞退福利和"五险一金"构成。每月月末，行政经理收集考勤等薪资信息，根据薪酬标准计算薪资，编制职工薪酬统计表、"五险一金"核算表、职工薪酬统计表——部门汇总、职工薪酬统计表——企业应缴福利、职工薪酬发放表和应付职工薪酬科目明细表，经总经理审批后，财务部门填写记账凭证，完成相关明细账和总账登记。

（二）业务流程

业务流程如图 4-18 所示。

（三）注意事项

财务经理根据工资表填制记账凭证，其可参考的会计分录为：

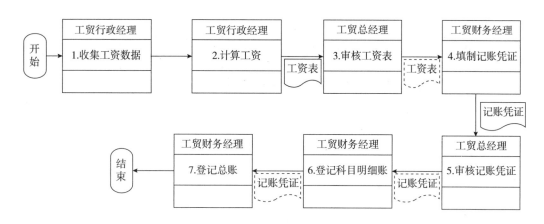

图 4-18　工贸企业薪酬核算流程

借：销售费用——工资

　　管理费用——工资

　　贷：应付职工薪酬——工资

　　　　应付职工薪酬——社会保险费

　　　　应付职工薪酬——住房公积金

三、TZJ1 计提折旧（工贸企业）

（一）业务描述

固定资产折旧是指一定时期内为弥补固定资产损耗而按照规定的固定资产折旧率提取的固定资产折旧数额。每月月末，财务经理依据固定资产政策和固定资产明细账计提折旧填写记账凭证，并完成相关明细账和总账登记。

（二）业务流程

业务流程如图 4-19 所示。

（三）注意事项

财务经理依据编制好的固定资产折旧计算表填制记账凭证，其可参考的会计分录为：

借：管理费用——折旧费

　　销售费用——折旧费

　　贷：累计折旧

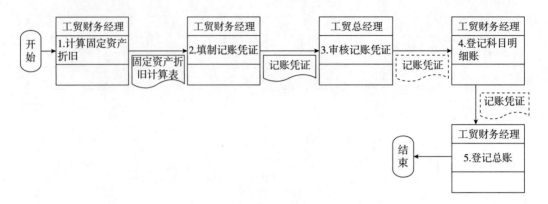

图 4-19　工贸企业计提折旧流程

四、TCH1 存货核算（工贸企业）

（一）业务描述

财务经理根据汇总的销售出库单编制销售成本结转表，并填写记账凭证，由总经理审核后，登记科目明细账和总账。

（二）业务流程

业务流程如图 4-20 所示。

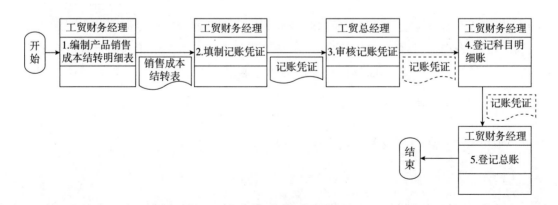

图 4-20　工贸企业存货核算流程

（三）注意事项

在实训中，采用全月一次加权平均法核算库存商品出库单价，财务经理根据销售出库单和销售成本结转表编制记账凭证。以出售经济型童车所需原材料为例，其可参考的会计分录为：

借：主营业务成本

　　贷：库存商品——钢管

　　　　库存商品——坐垫

　　　　库存商品——车篷

　　　　库存商品——车轮

　　　　库存商品——经济型童车包装套件

五、TQM1 期末账务处理（工贸企业）

每月月末，财务部门进行期末财务处理，包括结转损益、计提企业所得税并结转、结转本年利润、计提法定盈余公积并结转等业务，具体业务流程及可参考的会计分录参考本章第一节的 MQM1 期末账务处理（制造企业）业务。

六、TLR1 编制利润表（工贸企业）

财务经理根据总分类账以及明细账期末余额和发生额编制利润表，具体业务流程参考本章第一节的 MLR1 编制利润表（制造企业）业务。

七、TZC1 编制资产负债表（工贸企业）

财务经理根据总分类账以及明细账期末余额编制资产负债表，具体业务流程参考本章第一节的 MZC1 编制资产负债表（制造企业）业务。

八、zjBI003 制订战略及计划（工贸企业）

总经理组织部门经理，召开公司战略规划会议，形成公司总战略，分解制订运营计划，具体业务流程参考本章第一节的 zjBI001 制订战略及计划（制造业）业务。

九、zjBI008 经营分析与总结（工贸企业）

总经理组织部门经理，召开公司经营分析与总结，完成述职报告，具体业务流程参考本章第一节的 zjBI006 经营分析与总结（制造业）业务。

第三节　商贸企业

一、DJK1 行政部借款（经销商）

商贸企业行政经理为开展业务，需要到财务部借备用金，并依据公司流程办理相关手续，具体业务流程及会计分录参考本章第一节的 MJK1 企管部借款（制造企业）。

二、DXC1 核算薪酬（经销商）

在实训中，薪酬由基本工资、绩效工资、辞退福利和"五险一金"构成，每月月末，企业进行薪酬核算，具体业务流程及会计分录参考本章第二节的 TXC1 核算薪酬（工贸企业）业务。

三、DZJ1 计提折旧（经销商）

每月月末，财务经理依据固定资产政策和固定资产明细账计提折旧填写记账凭证，并完成相关明细账和总账登记，具体业务流程及会计分录参考本章第二节的 TZJ1 计提折旧（工贸企业）业务。

四、DCH1 存货核算（经销商）

（一）业务描述

财务经理根据汇总的销售出库单编制销售成本结转表，出纳填写记账凭证，由财务经理审核后，登记科目明细账和总账。

（二）业务流程

业务流程如图 4-21 所示。

（三）注意事项

在实训中，采用全月一次加权平均法核算库存商品出库单价，出纳根据销售出库单和销售成本结转表编制记账凭证。以出售经济型童车为例，其可参考的会计分录为：

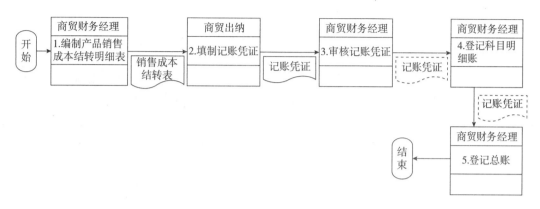

图 4-21　经销商存货核算流程

借：主营业务成本
　　贷：库存商品——经济型童车

五、DQM1 期末账务处理（经销商）

每月月末，财务部门进行期末财务处理，包括结转损益、计提企业所得税并结转、结转本年利润、计提法定盈余公积并结转等业务，具体业务流程参考本章第一节的 MQM1 期末账务处理（制造企业）业务。

六、DLR1 编制利润表（经销商）

财务经理根据总分类账和明细账期末余额和发生额编制利润表，具体业务流程参考本章第一节的 MLR1 编制利润表（制造企业）业务。

七、DZC1 编制资产负债表（经销商）

财务经理根据总分类账和明细账期末余额编制资产负债表，具体业务流程参考本章第一节的 MZC1 编制资产负债表（制造企业）业务。

八、zjBI002 制订战略及计划（经销商）

总经理组织部门经理，召开公司战略规划会议，形成公司总战略，分解制订运营计划，具体业务流程参考本章第一节的 zjBI001 制订战略及计划（制造业）业务。

九、zjBI007 经营分析与总结（经销商）

总经理组织部门经理，召开公司经营分析与总结，完成述职报告，具体业务流程参考本章第一节的 zjBI006 经营分析与总结（制造业）业务。

第一节　工贸企业与虚拟供应商

原材料的有效供给保障了制造企业生产经营活动的顺利开展。工贸企业不生产原材料，需在 VBSE 系统中从上游虚拟供应商处采购制造企业所需的各种原材料。

一、TCG1 下达采购订单（工贸企业）

（一）业务描述

工贸企业业务经理参考制造企业采购订单的需求和经济采购的原则，决定采购原材料的类型和数量，并向虚拟供应商下达采购订单。

（二）业务流程

业务流程如图 5-1 所示。

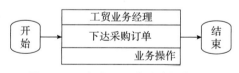

图 5-1　工贸企业下达采购订单流程

（三）注意事项

工贸企业业务经理在 VBSE 系统平台业务操作中，根据需求的品种和数量向虚拟供应商下达采购订单。

二、TCG2 支付虚拟供应商货款（工贸企业）

（一）业务描述

工贸企业业务经理根据采购订单，提交支付申请，经财务经理、总经理审核后，总经理通过网上银行支付货款；财务部门根据银行业务回单，填写记账凭证，并填写相关明细账和总账。在 VBSE 系统平台中，由于虚拟供应商由系统担任，故由工贸企业业务经理去税务局申请代开增值税专用发票。

（二）业务流程

业务流程如图 5-2 所示。

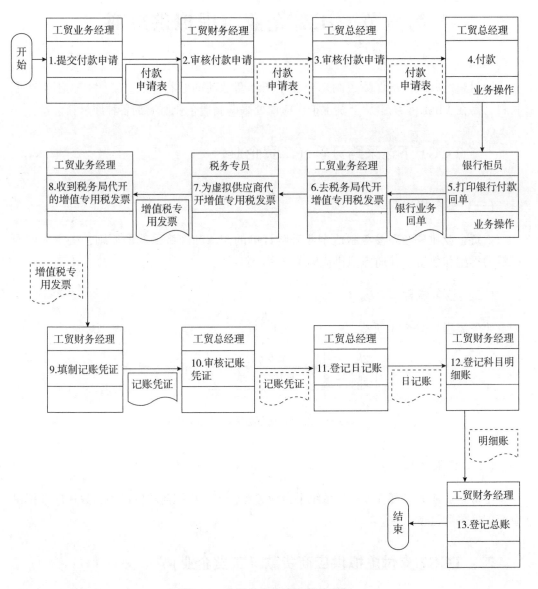

图 5-2 支付虚拟供应商货款流程

（三）注意事项

（1）在业务流程第四步中，工贸企业总经理依据审核的付款申请单在 VBSE 系统平台业务操作中通过网上银行完成对于虚拟供应商的付款。

（2）在业务流程第五步中，银行柜员在 VBSE 系统平台业务操作中打印银行付款回单（银行业务回单）。

（3）财务经理依据付款申请单、银行业务回单和增值税专用发票填制记账凭证，其可参考的会计分录为：

借：预付账款

应交税费——应交增值税——进项税额

贷：银行存款——工商银行

三、TCG3 到货并办理入库（工贸企业）

（一）业务描述

工贸企业业务经理根据采购订单填写采购入库单后，通过 VBSE 系统平台业务操作办理采购入库，并登记库存台账，更新采购合同执行情况表；财务部门根据采购入库单填写记账凭证，完成相关明细账和总账登记。

（二）业务流程

业务流程如图 5-3 所示。

（三）注意事项

（1）在业务流程第三步中，业务经理依据采购订单和采购入库单在 VBSE 系统平台业务操作中拖动小车完成原材料采购入库任务。

（2）财务经理依据采购入库单填制记账凭证，其可参考的会计分录为：

借：库存商品

贷：预付账款

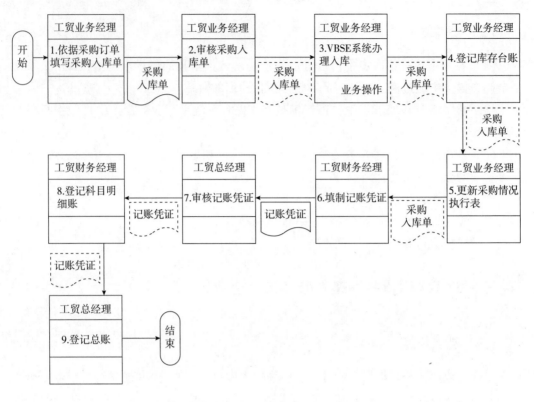

图 5-3　到货并办理入库流程

第二节　制造企业与工贸企业

制造企业与工贸企业之间的主要业务关系是原材料的采购和销售，其基本流程包括双方签订购销合同、录入采购订单、确认制造企业采购订单、工贸企业销售发货、物流运输、采购入库、材料款支付和工贸企业货款回收。

一、MCG1 与工贸企业签订购销合同（制造企业）

（一）业务描述

签订购销合同是制造企业与选择的工贸企业针对商品（原材料）的品种、规格、技术标准、质量保证、订购数量、包装要求、售后服务、价格、交货日期与地点、运输方式、付款条件等事项达成的协议，是为规范商业经营活动、保证企业利益而办理的法律手续，合同双方都应遵守和履行。同时，企业内部要依据企业管理流程审批购销合同。

(二) 业务流程

业务流程如图 5-4 所示。

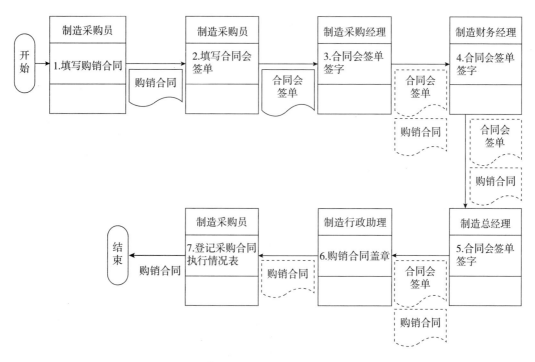

图 5-4　制造企业与工贸企业签订购销合同流程

(三) 注意事项

合同会签是指合同签订之前的审批，是单位合同法律风险防控的一项有效措施，即根据单位制定的合同会签流程，由企业生产经营管理部门、预算部门、法务部门、财务部门等，从各个部门角度出发，逐一审查依法已签或待签的合同。在合同会签过程中，需要相关部门领导在合同会签单上签字确认，合同会签单也叫"合同会签审批表"，是企业内部单据，一般包括业务部门、预算部门、法务部门、财务部门领导及相关领导签字的表格。

二、MCG2 与制造企业签订购销合同 (工贸企业)

(一) 业务描述

签订购销合同是经济活动中常见的一种法律活动，合同双方都应遵守和履行。工贸企业作为供方，应注意对供货的基本信息和货物特性以及需方货款支付时间和金额进行准确、详细的约定，以免引起纠纷。同时，企业内部要依据企业管理流程审批购销合同。

（二）业务流程

业务流程如图 5-5 所示。

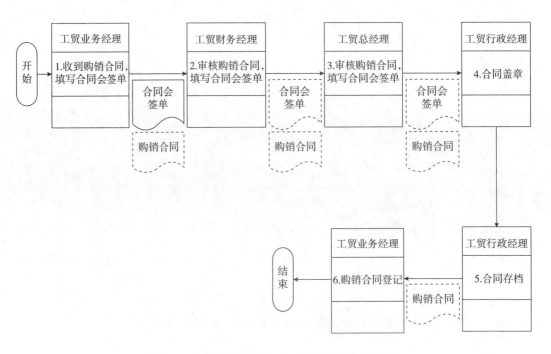

图 5-5　工贸企业与制造企业签订购销合同流程

（三）注意事项

注意事项参考本节 MCG1 与工贸企业签订购销合同（制造企业）业务。

三、MCG3 录入采购订单（制造企业）

（一）业务描述

制造企业与工贸企业经过磋商签订购销合同后，制造企业采购员将采购的基本信息录入 VBSE 系统，系统将根据录入的信息执行未来的发货、运输、收货及付款等业务。

（二）业务流程

业务流程如图 5-6 所示。

图 5-6　制造企业录入采购订单流程

（三）注意事项

在业务流程中，制造企业采购员在 VBSE 系统平台业务操作中录入已签订购销合同的基本信息，生成采购订单。一份购销合同可以根据需要拆分为多张采购订单。

四、MCG4 确认制造企业的采购订单（工贸企业）

（一）业务描述

工贸企业依照签订的购销合同在 VBSE 系统中对制造企业录入的订单进行确认操作。

（二）业务流程

业务流程如图 5-7 所示。

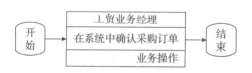

图 5-7　确认制造企业的采购订单流程

（三）注意事项

在业务流程中，工贸企业业务经理根据签订的购销合同，在 VBSE 系统平台业务操作中，确认制造企业录入的采购订单。工贸企业必须确保制造企业录入订单的正确性，一旦确认，系统将根据录入的信息执行未来的发货、运输、收货及付款等业务。

五、MCG5 准备发货并通知制造企业取货（工贸企业）

（一）业务描述

工贸企业按照合同约定的时间和内容向制造企业下达发货通知，工贸企业业务经理填写发货单，经财务经理确认后，将发货单送至制造企业采购员。

（二）业务流程

业务流程如图 5-8 所示。

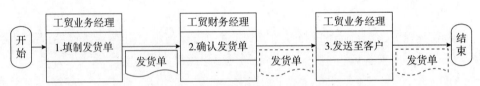

图 5-8　工贸企业准备发货并通知制造企业取货流程

（三）注意事项

发货单是销售发货的信息载体，通过发货单向仓库、财务和客户传递信息。财务经理收到业务经理的发货单后，如果检查发现本企业的应收账款额度过高，则应通知业务经理限制发货。

六、MCG6 接到发货单准备取货（制造企业）

（一）业务描述

制造企业采购员接到工贸企业的发货单后，告知仓管员做好收货准备。

（二）业务流程

业务流程如图 5-9 所示。

图 5-9　制造企业接到发货单准备取货流程

七、MCG7 向物流下达运输订单（制造企业）

（一）业务描述

制造企业仓储部按照购销合同的约定，通过向物流公司下达物流运输订单的方式安排运输。

（二）业务流程

业务流程如图 5-10 所示。

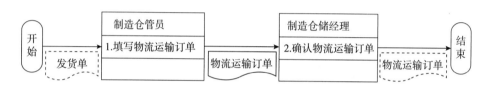

图 5-10　制造企业向物流公司下达运输订单流程

（三）注意事项

制造企业仓管员按照发货单和购销合同约定的到货日期、发货内容及运输方式等内容填写物流运输订单，并送交物流公司业务经理。

八、MCG8 受理制造业运输订单（物流公司）

（一）业务描述

物流公司业务经理受理制造企业下达的物流运输订单，并安排运输。

（二）业务流程

业务流程如图 5-11 所示。

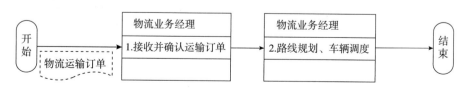

图 5-11　物流公司受理制造企业运输订单流程

九、MCG9 去工贸企业取货并开发票（物流公司）

（一）业务描述

物流公司业务经理根据物流运输订单填写公路货物运单，并根据运单开具增值税专用发票（运费），然后发车去工贸企业取货。

（二）业务流程

业务流程如图 5-12 所示。

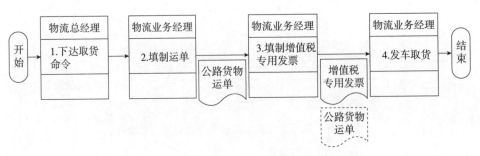

图 5-12　物流公司去工贸企业取货并开发票流程

（三）注意事项

业务经理根据运单开具增值税专用发票，并盖发票专用章。增值税专用发票分为三联：记账联、抵扣联和发票联。其中，第一联是记账联，是销售方核算销售收入和增值税销项税额的凭证，票面"金额"指的是销售货物或服务的"不含税金额"，"税额"指的是"销项税额"；第二联是抵扣联，是购买方报送主管税务机关认证和留存备查的凭证；第三联是发票联，是购买方核算采购成本的凭证。

十、MCG10 给制造企业办理出库并开发票（工贸企业）

（一）业务描述

工贸企业业务经理根据发货单填写出库单，并办理销售出库业务，同时登记库存台账和更新销售发货明细表，然后开具货款的增值税专用发票，将第二联抵扣联和第三联发票联交给制造企业仓管员；最后由财务经理根据相关原始凭证填写记账凭证，完成相关明细账和总账登记。

（二）业务流程

业务流程如图 5-13 所示。

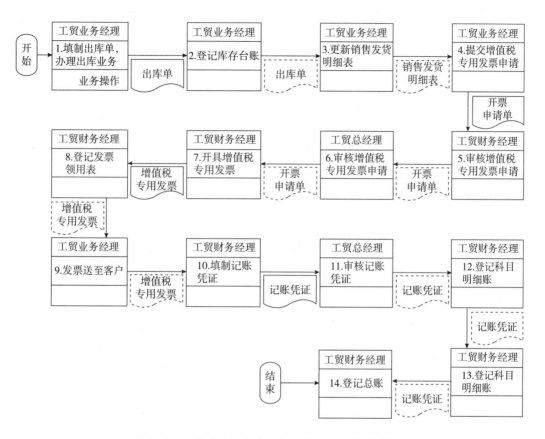

图 5-13　工贸企业给制造企业办理出库并开发票流程

(三) 注意事项

（1）在业务流程第一步中，业务经理根据销售出库单在 VBSE 系统平台业务操作中拖动小车完成原材料销售出库业务。

（2）财务经理依据增值税专用发票第一联记账联填制记账凭证，其可参考的会计分录为：

借：应收账款

　　贷：主营业务收入

　　　　应交税费——应交增值税——销项税额

十一、MCG11 装车发运给制造企业（物流公司）

(一) 业务描述

物流公司业务经理与工贸企业进行货物交接，点验货物后完成货物的装车和运输。

（二）业务流程

业务流程如图 5-14 所示。

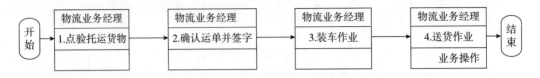

图 5-14　物流公司装车发运给制造企业流程

（三）注意事项

在业务流程第四步中，物流公司业务经理在 VBSE 系统平台业务操作中拖动小车完成原材料发送业务。

十二、MCG12 送货到制造企业（物流公司）

（一）业务描述

物流公司业务经理依据运单送货到制造企业，完成卸货和货物交接，并将运费增值税专用发票的第二联抵扣联和第三联发票联交给制造企业仓管员。

（二）业务流程

业务流程如图 5-15 所示。

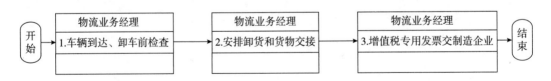

图 5-15　物流公司送货到制造企业流程

十三、MCG13 到货并办理入库（制造企业）

（一）业务描述

制造企业仓管员接到工贸企业来料，完成接收、检验，填写物料检验单和采购入库单，并在 VBSE 系统平台业务操作中办理采购入库，同时登记库存台账；采购员更新采购合同执行情况表；财务部门根据采购入库单和原材料货款的增值税专用发票填写记账凭证，完成相关明细账和总账登记。

（二）业务流程

业务流程如图 5-16 所示。

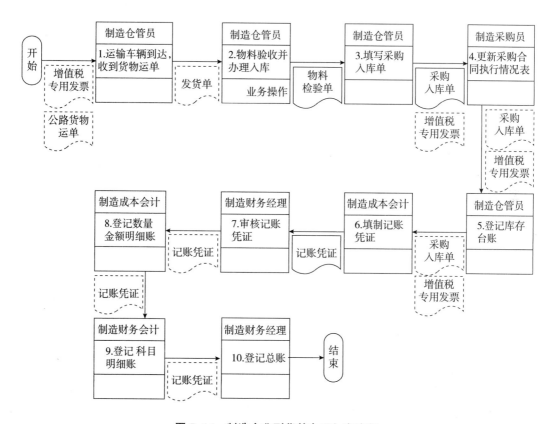

图 5-16　制造企业到货并办理入库流程

（三）注意事项

（1）在业务流程第二步中，仓管员依据发货单在 VBSE 系统平台业务操作中拖动小车完成原材料采购入库任务。

（2）成本会计依据采购入库单和货款增值税专用发票填制记账凭证，其可参考的会计分录为：

借：原材料

　　应交税费——应交增值税——进项税额

　　贷：应付账款

十四、MCG14 支付运输费（制造企业）

（一）业务描述

制造企业仓管员接到物流公司的运费增值税专用发票，填写付款申请单后交由仓储部经理和财务部经理审批，审批后财务部门办理网银付款手续，填写记账凭证，并完成相关明细账和总账登记。

（二）业务流程

业务流程如图 5-17 所示。

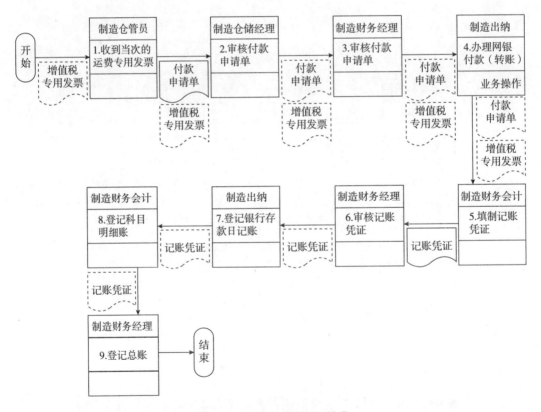

图 5-17　制造企业支付运输费

（三）注意事项

（1）在业务流程第四步中，出纳依据付款申请单和运费增值税专用发票在 VBSE 系统平台业务操作中办理网银付款，支付物流公司原材料运输费。

（2）运输费按照一定的费用分配方法分配后，计入原材料成本。

（3）财务会计依据付款申请单和增值税专用发票填制记账凭证，其可参考的会计分录为：

借：原材料

应交税费——应交增值税——进项税额

贷：银行存款——工商银行

十五、MCG15 支付工贸企业货款（制造企业）

（一）业务描述

制造企业采购员根据工贸企业开具的发票填写付款申请单，交由采购部经理和财务部经理审批，审批后财务部门办理网银付款手续，填写记账凭证，并完成相关明细账和总账登记。

（二）业务流程

业务流程如图 5-18 所示。

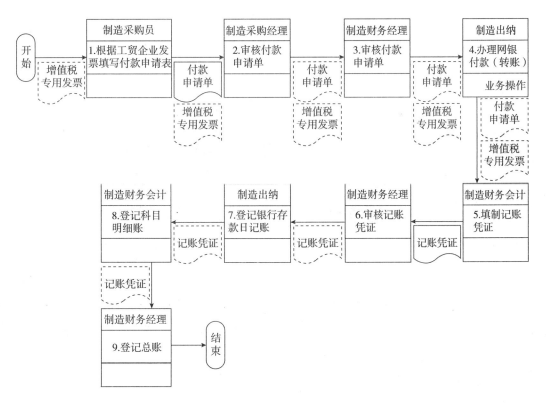

图 5-18　制造企业支付工贸企业货款流程

（三）注意事项

（1）在业务流程第四步中，出纳依据付款申请单和货款增值税专用发票在 VBSE 系统平台业务操作中办理网银付款，支付工贸企业货款。

（2）财务会计依据采购付款申请单和增值税专用发票填制记账凭证，其可参考的会计分录为：

借：应付账款

  贷：银行存款——工商银行

十六、MCG16 收到制造企业运费业务回单（物流公司）

（一）业务描述

物流公司总经理查询本企业银行流水，确认收到制造企业支付的运费后到银行领取运费的银行业务回单。

（二）业务流程

业务流程如图 5-19 所示。

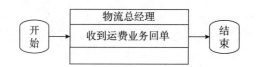

图 5-19　物流公司收到制造企业运费业务回单流程

十七、MCG17 收到制造企业货款银行回单（工贸企业）

（一）业务描述

工贸企业业务经理查询本企业银行流水，确认收到制造企业支付的货款后到银行领取业务回单，并填写收款确认单；财务部门根据收款确认单和银行业务回单填写记账凭证，完成相关明细账和总账登记。

（二）业务流程

业务流程如图 5-20 所示。

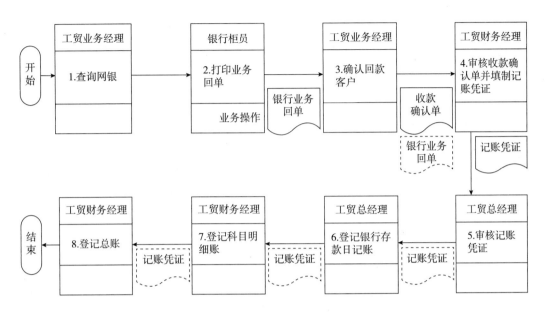

图 5-20   工贸企业收到制造企业货款银行回单流程

(三) 注意事项

工贸企业财务经理依据收款确认单和银行业务回单填制记账凭证, 其可参考的会计分录为:

借: 银行存款——工商银行
　　贷: 应收账款

第三节   制造企业与商贸企业

制造企业与商贸企业之间的主要业务关系就是产成品 (童车) 的销售和采购, 其基本流程包括双方签订购销合同、录入采购订单、确认商贸企业采购订单、制造企业销售发货、物流运输、采购入库、货款支付和制造企业货款回收。

一、DCG1 与制造企业签订购销合同 (经销商)

(一) 业务描述

签订购销合同是商贸企业与选择的制造企业针对商品的品种、规格、技术标准、质量保证、订购数量、包装要求、售后服务、价格、交货日期与地点、运输方式、付款条件等事项达成的协议，是为规范商业经营活动，保证企业利益而办理的法律手续。同时，企业内部要依据企业管理流程审批购销合同。

（二）业务流程

业务流程如图 5-21 所示。

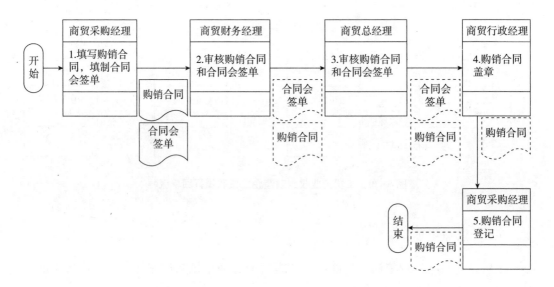

图 5-21 商贸企业与制造企业签订购销合同流程

（三）注意事项

注意事项参考本章第二节 MCG1 与工贸企业签订购销合同（制造企业）业务。

二、DCG2 与经销商签订购销合同（制造企业）

（一）业务描述

签订购销合同是经济活动中常见的一种法律活动。制造企业作为供方，应注意对供货的基本信息和货物特性、对需方货款支付时间和金额进行准确、详细的约定，以免引起纠纷。同时，企业内部要依据企业管理流程审批购销合同。

（二）业务流程

业务流程如图 5-22 所示。

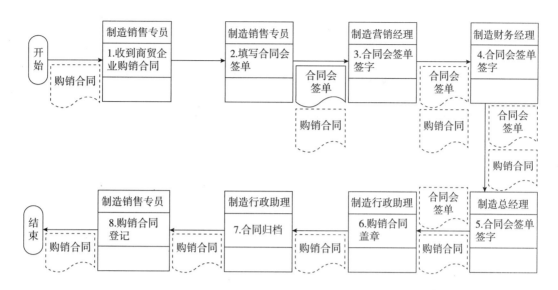

图 5-22　制造企业与商贸企业签订购销合同流程

(三) 注意事项

注意事项参考本章第二节 MCG1 与工贸企业签订购销合同（制造企业）业务。

三、DCG3 录入采购订单 (经销商)

(一) 业务描述

商贸企业与制造企业经过磋商签订购销合同后，商贸企业采购经理将采购的基本信息录入 VBSE 系统，系统将根据录入的信息执行未来的发货、运输、收货及付款等业务。

(二) 业务流程

业务流程如图 5-23 所示。

图 5-23　商贸企业录入采购订单流程

（三）注意事项

在业务流程中，商贸企业采购经理在 VBSE 系统平台业务操作中录入已签订购销合同基本信息，生成采购订单。一份购销合同可以根据需要拆分为多张采购订单。

四、DCG4 确认经销商的采购订单（制造企业）

（一）业务描述

制造企业依照签订的购销合同在 VBSE 系统中对商贸企业录入的订单进行确认操作。

（二）业务流程

业务流程如图 5-24 所示。

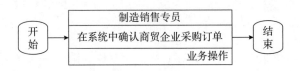

图 5-24 确认商贸企业的采购订单流程

（三）注意事项

在业务流程中，制造企业销售专员根据签订的购销合同，在 VBSE 系统平台业务操作中，确认商贸企业录入的采购订单。注意：制造企业必须确保商贸企业录入订单的正确性，一旦确认，系统将根据录入的信息执行未来的发货、运输、收货及付款等业务。

五、DCG5 下达发货通知给经销商（制造企业）

（一）业务描述

制造企业销售专员按照合同约定的时间和内容填写发货单，交营销部经理审核批准后通知商贸企业。

（二）业务流程

业务流程如图 5-25 所示。

图 5-25　制造企业下达发货通知给商贸企业流程

（三）注意事项

发货单是销售发货的信息载体，通过发货单向仓库、财务和客户传递信息。制造企业销售专员填写发货单，并经营销经理确认后，需将发货单送至仓储部（仓储部留存联、财务部留存联）和商贸企业（客户留存联）。

六、DCG6 接到发货通知单（经销商）

（一）业务描述

商贸企业采购经理接到制造企业的发货单后，告知仓储经理准备采购收货。

（二）业务流程

业务流程如图 5-26 所示。

图 5-26　商贸企业接到发货单流程

七、DCG7 向物流公司下达运输订单（经销商）

（一）业务描述

商贸企业仓储经理按照购销合同的约定，通过向物流公司下达物流运输订单的方式安排运输。

（二）业务流程

业务流程如图 5-27 所示。

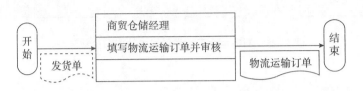

图 5-27　商贸企业向物流公司下达运输订单流程

（三）注意事项

商贸企业仓储经理按照发货单和购销合同约定的到货日期、发货内容及运输方式等内容填写物流运输订单，并送交物流公司业务经理。

八、DCG8 受理经销商运输订单（物流公司）

（一）业务描述

物流公司业务经理受理商贸企业下达的物流运输订单，并安排运输。

（二）业务流程

业务流程如图 5-28 所示。

图 5-28　物流公司受理商贸企业运输订单流程

九、DCG9 去制造企业取货并开发票（物流公司）

（一）业务描述

物流公司业务经理根据物流运输订单填写公路货物运单，并根据运单开具增值税专用发票（运费），然后发车去制造企业取货。

（二）业务流程

业务流程如图 5-29 所示。

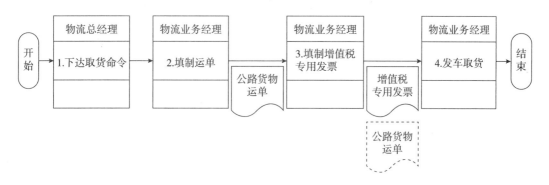

图 5-29　物流公司去制造企业取货并开发票流程

（三）注意事项

注意事项参考本章第二节 MCG9 去工贸企业取货并开发票（物流公司）业务。

十、DCG10 给经销商办理出库并开发票（制造企业）

（一）业务描述

制造企业仓管员根据公路货物运单和发货单填写出库单，并办理销售出库业务，同时登记库存台账和更新销售发货明细表；出纳开具货款的增值税专用发票；财务会计根据相关原始凭证填写记账凭证，并登记相关明细账；财务经理完成总账登记。

（二）业务流程

业务流程如图 5-30 所示。

（三）注意事项

（1）在业务流程第二步中，仓储经理根据销售出库单，在 VBSE 系统平台业务操作中拖动小车完成商品销售出库业务。

（2）出纳根据开票申请单、发货单和出库单开具商品的增值税专用发票，并盖发票专用章，将第二联抵扣联和第三联发票联交物流公司，由物流公司送至商贸企业采购经理。

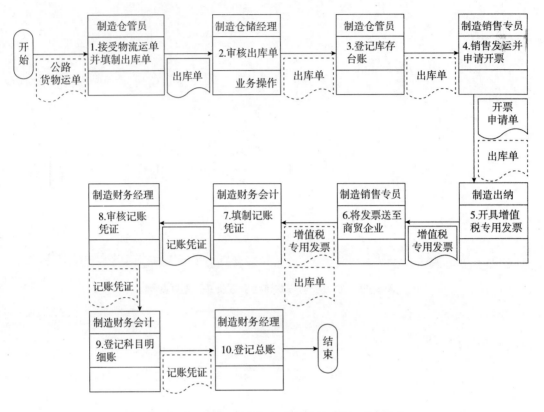

图 5-30　制造企业给商贸企业办理出库并开发票流程

（3）财务会计依据增值税专用发票第一联记账联填制记账凭证，其可参考的会计分录为：

　　借：应收账款

　　　　贷：主营业务收入

　　　　　　应交税费——应交增值税——销项税额

十一、DCG11 装车发运给经销商（物流公司）

（一）业务描述

物流公司业务经理与制造企业进行货物交接，点验货物后完成货物的装车和运输。

（二）业务流程

业务流程如图 5-31 所示。

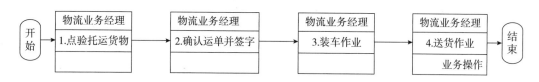

图 5-31　物流公司装车发运给商贸企业流程

(三) 注意事项

在业务流程第四步中，物流公司业务经理在 VBSE 系统平台业务操作中拖动小车完成商品发送业务。

十二、DCG12 送货到经销商 (物流公司)

(一) 业务描述

物流公司业务经理依据运单送货到商贸企业，完成卸货和货物交接，并将增值税专用发票交给商贸企业采购经理。

(二) 业务流程

业务流程如图 5-32 所示。

图 5-32　物流公司送货到制造企业流程

十三、DCG13 到货并办理入库 (经销商)

(一) 业务描述

商贸企业仓储经理接到制造企业商品，完成接收和检验后，填写采购入库单；再在 VBSE 系统平台业务操作中办理采购入库，并登记库存台账；最后由采购经理更新采购合同执行情况表。

（二）业务流程

业务流程如图 5-33 所示。

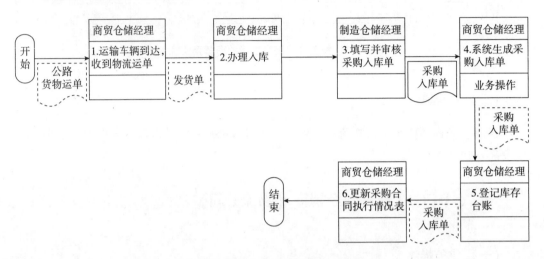

图 5-33   商贸企业到货并办理入库流程

（三）注意事项

在业务流程第四步中，仓储经理依据采购入库单在 VBSE 系统平台业务操作中拖动小车完成商品采购入库任务。

十四、DCG14 收到运输费发票并支付（经销商）

（一）业务描述

商贸企业仓储经理接到物流公司商品运费的增值税专用发票，财务部门审核后填写记账凭证，完成相关明细账和总账登记；然后仓储经理依据增值税发票信息提交付款申请，交财务部经理和总经理审批；审批后财务部门办理网银付款手续，收到银行业务回单后，填写记账凭证，完成相关明细账和总账登记。

（二）业务流程

业务流程如图 5-34 所示。

（三）注意事项

（1）在业务流程第十步中，出纳依据付款申请单在 VBSE 系统平台业务操作中办理网银付款，支付物流公司商品运费。

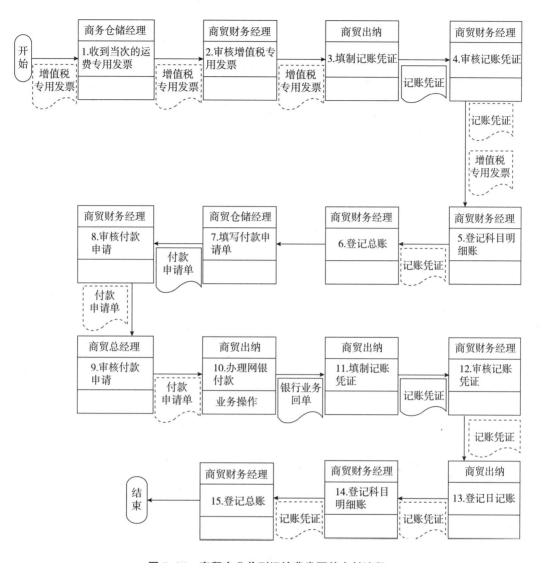

图 5-34　商贸企业收到运输费发票并支付流程

（2）运费按照一定的费用分配方法分配后，计入库存商品成本。

（3）出纳依据增值税专用发票填制记账凭证，其可参考的会计分录为：

借：库存商品

　　应交税费——应交增值税——进项税额

　　贷：应付账款

（4）出纳依据采购付款申请单填制记账凭证，其可参考的会计分录为：

借：应付账款

　　贷：银行存款——工商银行

十五、DCG15 收到制造企业发票并支付（经销商）

（一）业务描述

商贸企业采购经理收到制造企业的商品销售增值税专用发票，依据增值税发票信息填写付款申请单后交财务经理和总经理审批，审批后财务部门办理网银付款手续，并填写记账凭证，完成相关明细账和总账登记。

（二）业务流程

业务流程如图5-35所示。

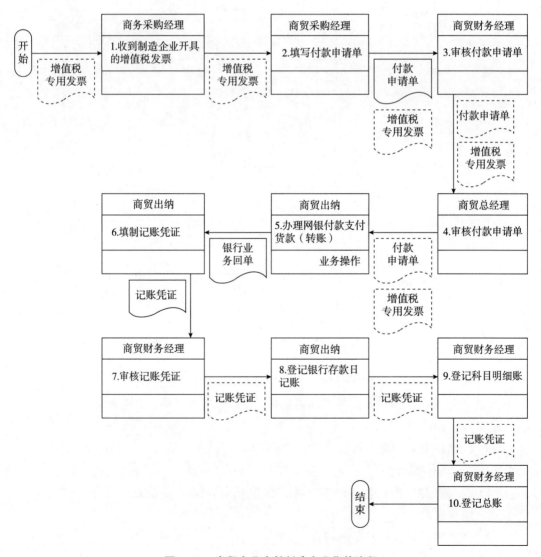

图 5-35　商贸企业支付制造企业货款流程

（三）注意事项

（1）在业务流程第五步中，出纳依据付款申请单和货款发票在 VBSE 系统平台业务操作中办理网银付款，支付制造企业货款。

（2）出纳依据采购付款申请单、增值税专用发票和银行业务回单填制记账凭证，其可参考的会计分录为：

借：库存商品

应交税费——应交增值税——进项税额

　　贷：银行存款——工商银行

十六、DCG16 收到经销商运费业务回单（物流公司）

（一）业务描述

物流公司总经理查询本企业银行流水，确认收到商贸企业支付的运费后，到银行领取运费的银行业务回单。

（二）业务流程

业务流程如图 5-36 所示。

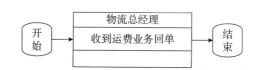

图 5-36　物流公司收到商贸企业运费业务回单流程

十七、DCG17 收到经销商货款银行回单（制造企业）

（一）业务描述

制造企业出纳查询本企业银行流水，确认收到商贸企业支付的销售款后，去银行取回商贸企业支付货款的银行业务回单；财务部门根据银行业务回单填写记账凭证，完成相关明细账和总账登记。

（二）业务流程

业务流程如图 5-37 所示。

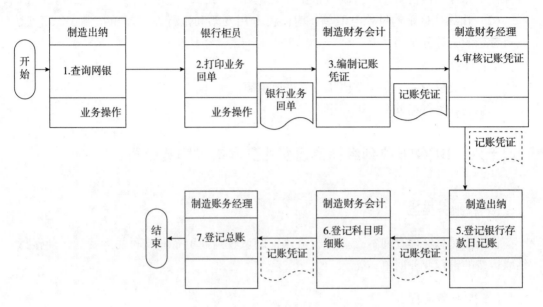

图 5-37　制造企业收到商贸企业货款银行回单流程

（三）注意事项

（1）在业务流程第一步中，出纳在 VBSE 系统平台业务操作中查询本企业银行流水，确认收到经销商货款。

（2）在业务流程第二步中，银行柜员在 VBSE 系统平台业务操作中打印缴税凭证。

（3）财务经理依据银行业务回单填制记账凭证，其可参考的会计分录为：

借：银行存款——工商银行

　　贷：应收账款

第四节　商贸企业与虚拟客户

商贸企业与虚拟客户之间的业务关系主要是商贸企业从虚拟市场获取订单，并把从制造企业购买的商品销售出去以获取利润。在与虚拟客户的销售过程中，遵循先发货后收款的原则，未销售出库的订单不支持收款。

一、DYX1 申请和办理市场开拓（经销商）

（一）业务描述

商贸企业为了打开更多的市场，需要进行新市场开发投资。在 VBSE 系统中，该项业务通过投放市场开发费的形式体现。商贸企业营销经理根据市场预测确定要开发的新市场区域后，与服务公司商定好市场开发费用，并提交市场开拓申请，由服务公司业务员在系统中进行新市场开发操作。

（二）业务流程

业务流程如图 5-38 所示。

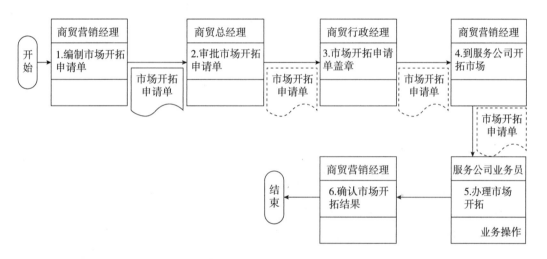

图 5-38　商贸企业申请和办理市场开拓流程

（三）注意事项

（1）在业务流程第五步中，服务公司业务员根据市场开拓申请单在 VBSE 系统平台业务操作中选择商贸企业要开发的新市场，完成商贸企业市场开拓业务。

（2）市场开拓一次，有效期为一年。

（3）固定数据经营阶段只开拓北部地区，在自主经营阶段可以根据需要选择开拓其他地区（东部、西部和南部）。

二、DYX2 收到市场开拓费发票（经销商）

（一）业务描述

商贸企业营销经理根据市场开拓申请单到服务公司领取市场开拓增值税专用发票；再由出纳根据增值税专用发票填写记账凭证；最后由财务经理完成相关明细账和总账登记。

（二）业务流程

业务流程如图 5-39 所示。

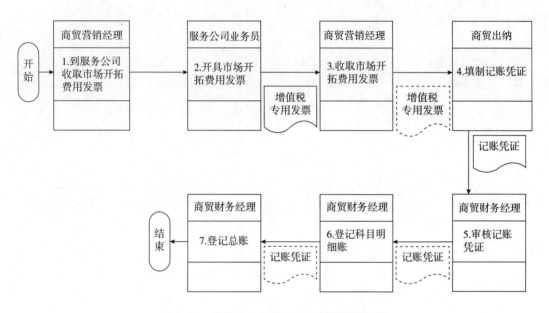

图 5-39　商贸企业收到市场开拓费发票流程

（三）注意事项

（1）服务公司业务员根据市场开拓申请单开具增值税专用发票，加盖发票专用章后，将第二联抵扣联和第三联发票联交给商贸企业营销经理。

（2）商贸企业财务经理依据增值税专用发票填制记账凭证，其可参考的会计分录为：

借：销售费用——市场开拓

应交税费——应交增值税——进项税额

贷：应付账款——融通综合服务公司

三、DYX3 支付市场开拓费（经销商）

(一) 业务描述

商贸企业营销经理根据市场开拓费用发票提交支付市场开拓费申请，并按照公司的财务流程办理付款手续；出纳根据转账支票存根和付款申请单填写记账凭证；最后由财务经理完成相关明细账和总账登记。

(二) 业务流程

业务流程如图 5-40 所示。

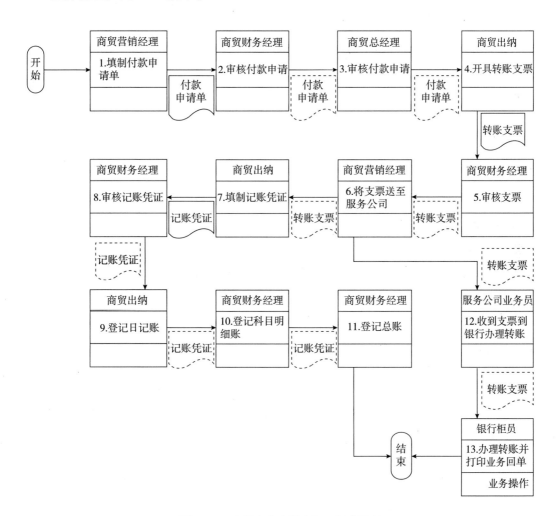

图 5-40　商贸企业支付市场开拓费流程

（三）注意事项

（1）在业务流程第十三步中，银行柜员根据服务公司业务员提供的转账支票和进账单，在 VBSE 系统平台业务操作中完成转账业务。

（2）商贸企业出纳依据转账支票存根和付款申请单填制记账凭证，其可参考的会计分录为：

　　借：应付账款——融通综合服务公司

　　　　贷：银行存款——工商银行

四、DYX4 申请和办理广告投放（经销商）

（一）业务描述

商贸企业市场开发完成后，还必须通过投放广告才能取得参加商品交易会进行选单的资格。因此，商贸企业必须通过服务公司针对所开拓的市场进行广告投放。

（二）业务流程

业务流程如图 5-41 所示。

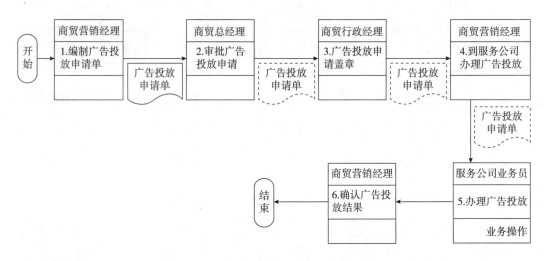

图 5-41　商贸企业申请和办理广告投放流程

（三）注意事项

（1）在业务流程第五步中，服务公司业务员根据广告投放申请单在 VBSE 系统平台业务操作中，选择投放广告的市场、录入广告金额，完成商贸企业广告投放业务。

（2）广告投放一次有效期限为一个虚拟日，在下一个虚拟日需要重新投放广告才能选单。

（3）针对已开拓市场进行广告投放，不针对具体产品。

五、DYX5 收到广告费发票（经销商）

（一）业务描述

商贸企业营销经理根据广告投放申请单到服务公司领取广告费增值税专用发票；再由出纳根据增值税专用填写记账凭证；最后由财务经理完成相关明细账和总账登记。

（二）业务流程

业务流程如图 5-42 所示。

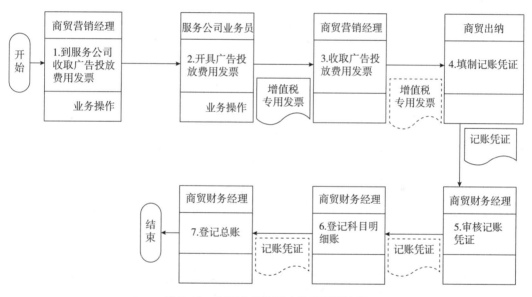

图 5-42　商贸企业收到广告费发票流程

（三）注意事项

（1）服务公司业务员根据广告投放申请单开具增值税专用发票，加盖发票专用章后，将第二联抵扣联和第三联发票联交给商贸企业营销经理。

（2）商贸企业出纳依据增值税专用发票填制记账凭证，其可参考的会计分录为：

借：销售费用——广告费
　　应交税费——应交增值税——进项税额
　　贷：应付账款——融通综合服务公司

六、DYX6 支付广告投放费用（经销商）

（一）业务描述

商贸企业营销经理根据广告费发票提交支付广告费申请，并按照公司财务流程办理付款手续；出纳根据转账支票存根和付款申请单填写记账凭证；财务经理完成相关明细账和总账登记。

（二）业务流程

业务流程如图 5-43 所示。

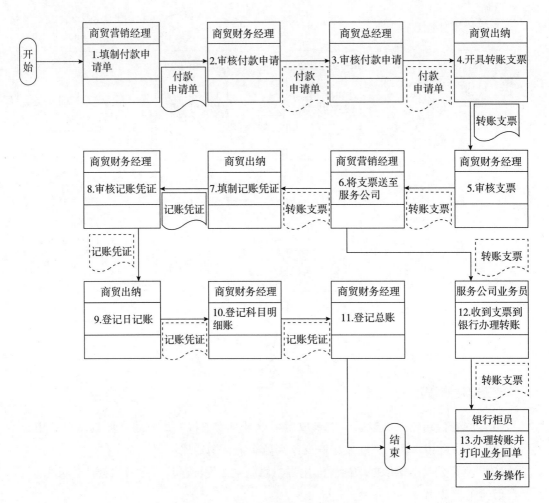

图 5-43　商贸企业支付广告费流程

（三）注意事项

（1）在业务流程第十三步中，银行柜员根据服务公司业务员提供的转账支票和进账单在 VBSE 系统平台业务操作中完成转账业务。

（2）商贸企业财务经理依据转账支票存根和付款申请单填制记账凭证，其可参考的会计分录为：

借：应付账款——融通综合服务公司
　　贷：银行存款——工商银行

七、DYX7 查看虚拟销售订单（经销商）

（一）业务描述

商贸企业营销经理在系统中查看已开拓地区的虚拟订单信息。

（二）业务流程

业务流程如图 5-44 所示。

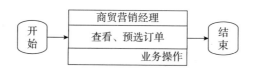

图 5-44　商贸企业查看虚拟市场订单流程

（三）注意事项

在业务流程中，商贸企业营销经理在 VBSE 系统平台业务操作中查看已开拓市场的可选订单，进行预选，等待服务公司通知后进行选单。

八、DYX8 组织经销商竞单（服务公司）

（一）业务描述

服务公司总经理组织商贸企业营销经理进行竞单。

（二）业务流程

业务流程如图 5-45 所示。

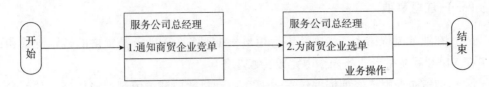

图 5-45　服务公司组织商贸企业竞单流程

（三）注意事项

在业务流程第二步中，服务公司总经理在 VBSE 系统平台业务操作中按照广告费多少依次组织商贸企业进行订单选择。

九、DYX9 查看竞单结果（经销商）

（一）业务描述

商贸企业营销经理在 VBSE 系统中查看已选择的虚拟订单信息。

（二）业务流程

业务流程如图 5-46 所示。

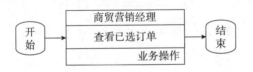

图 5-46　商贸企业查看竞单结果流程

（三）注意事项

在业务流程中，商贸企业营销经理在 VBSE 系统平台业务操作中查看已选择的订单，确认订单信息和交货日期是否正确。

十、DYX10 给虚拟经销商发货（经销商）

（一）业务描述

商贸企业按照已选虚拟客户订单约定的时间和内容向虚拟客户下达发货通知。

（二）业务流程

业务流程如图 5-47 所示。

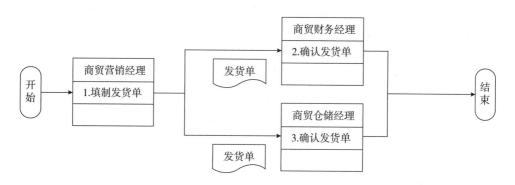

图 5-47　商贸企业准备发货流程

十一、DYX11 给虚拟经销商办理出库并开发票（经销商）

（一）业务描述

商贸企业仓储经理根据发货单填写出库单，并进行出库操作，同时登记库存台账；营销经理更新销售发货明细表，并提交增值税专用发票开具申请；财务部依据申请开出增值税专用发票，再根据相关原始凭证填写记账凭证，并完成相关明细账和总账登记。

（二）业务流程

业务流程如图 5-48 所示。

（三）注意事项

（1）在业务流程第二步中，业务经理根据销售出库单在 VBSE 系统平台业务操作中拖动小车完成商品销售出库业务。

（2）出纳根据销售发货明细表和销售订单信息开具商品的增值税专用发票，加盖发票专用章后，将第二联抵扣联和第三联发票联交给虚拟客户。但在 VBSE 系统平台中，由于虚拟客户由系统担任，故由商贸企业暂存增值税专用发票的第二联抵扣联和第三联发票联。

（3）出纳依据增值税专用发票第一联记账联填制记账凭证，其可参考的会计分录为：

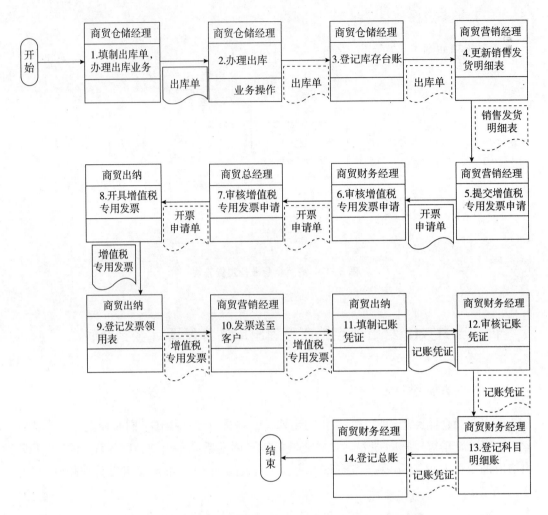

图 5-48 商贸企业给虚拟商贸企业办理出库并开发票流程

借：应收账款

　　贷：主营业务收入

　　　　应交税费——应交增值税——销项税额

十二、DYX12 收到虚拟经销商货款（经销商）

（一）业务描述

销售发货完成后，商贸企业营销经理定期跟踪催促货款的收回，确认收到货款后，财务部门根据银行业务回单填写记账凭证，并完成相关明细账和总账登记。在 VBSE 系统中，由于虚拟客户由系统担任，故商贸企业只要根据销售订单执行货款回收即可。

（二）业务流程

业务流程如图 5-49 所示。

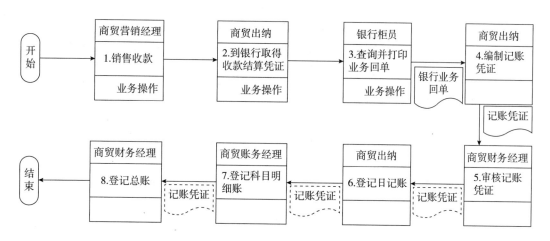

图 5-49　商贸企业收到虚拟商贸企业货款流程

（三）注意事项

（1）在业务流程第一步中，商贸企业营销经理在 VBSE 系统平台业务操作中办理销售收款业务。

（2）在业务流程第二步中，商贸企业出纳在 VBSE 系统平台业务操作中通过网上银行查询企业银行转账流水信息，确认收款。

（3）在业务流程第三步中，银行柜员在 VBSE 系统平台业务操作中打印交易记录的业务回单。

（4）出纳依据银行业务回单填制记账凭证，其可参考的会计分录为：

借：银行存款——工商银行

　　贷：应收账款

第五节　制造企业与虚拟客户

制造企业根据企业自身发展的需要，可以不通过商贸企业，而将产品直接销售给终端客户（系统中的虚拟客户）以获取利润。在实训中，制造企业可以通过参加服务公司组织的商品交易会实现这一目标。在商品交易会召开之前，制造企业的营销人员必须熟悉商品交易会规则。

一、MJD1 申请和办理市场开拓（制造企业）

（一）业务描述

制造企业为了参加商品交易会，必须进行新市场开发投资。在 VBSE 系统中，该项业务通过投放市场开发费的形式体现。制造企业市场专员根据市场预测确定要开发的新市场区域后，与服务公司商定好市场开发费用，并提交市场开拓申请，由服务公司业务员在系统中进行新市场开发操作。

（二）业务流程

业务流程如图 5-50 所示。

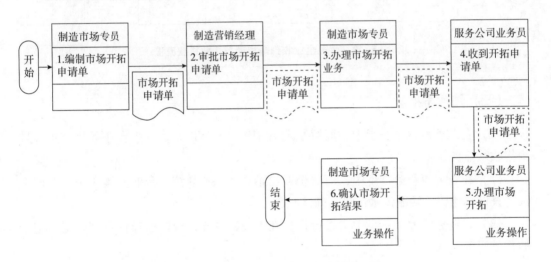

图 5-50　制造企业申请和办理市场开拓流程

（三）注意事项

（1）在业务流程第五步中，服务公司业务员根据市场开拓申请单在 VBSE 系统平台业务操作中选择企业要开发的市场，完成制造企业市场开拓业务。

（2）在业务流程第六步中，制造企业市场专员在 VBSE 系统平台业务操作中查看并确认市场开拓结果。

（3）市场开拓一次，有效期为一年。

（4）固定数据经营阶段制造企业不能开拓新市场，在自主经营阶段可以根据需要选择开拓中部市场。

二、MJD2 收到市场开拓费发票（制造企业）

（一）业务描述

制造企业市场专员根据市场开拓申请单到服务公司领取市场开拓增值税专用发票，核对后交本企业相关部门审核；然后由财务会计根据增值税专用发票填写记账凭证，登记相关明细账；最后由财务经理完成总账登记。

（二）业务流程

业务流程如图 5-51 所示。

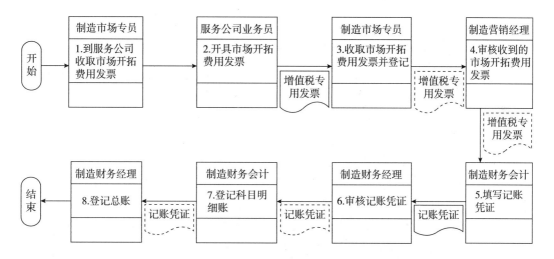

图 5-51　制造企业收到市场开拓费发票流程

（三）注意事项

（1）服务公司业务员根据市场开拓申请单开具增值税专用发票，加盖发票专用章后，将第二联抵扣联和第三联发票联交给制造企业市场专员。

（2）制造企业财务会计依据增值税专用发票填制记账凭证，其可参考的会计分录为：

借：销售费用——市场开拓
　　应交税费——应交增值税——进项税额
　　贷：应付账款——融通综合服务公司

三、MJD3 支付市场开拓费（制造企业）

（一）业务描述

制造企业市场专员根据收到服务公司开具的市场开拓费发票，核对后交本企业相关部门审核，并按照企业的财务付款流程，依次办理付款手续；财务会计根据转账支票存根和付款申请单填写记账凭证，并登记相关明细账；最后由财务经理完成总账登记。

（二）业务流程

业务流程如图 5-52 所示。

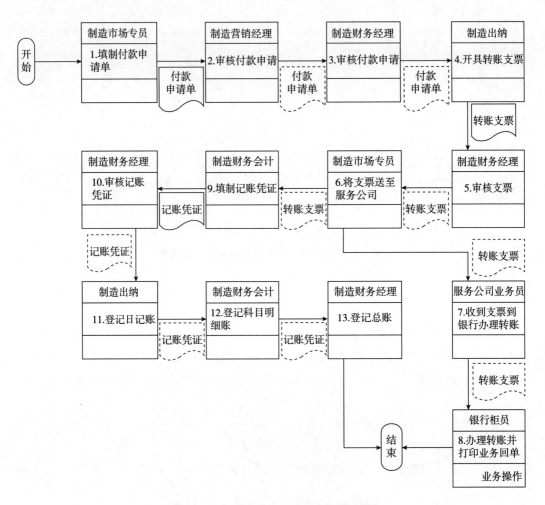

图 5-52　制造企业支付市场开拓费流程

（三）注意事项

（1）在业务流程第八步中，银行柜员根据服务公司业务员提供的转账支票和进账单在 VBSE 系统平台业务操作中完成转账业务。

（2）制造企业财务会计依据转账支票存根和付款申请单填制记账凭证，其可参考的会计分录为：

借：应付账款——融通综合服务公司

贷：银行存款——工商银行

四、MJD4 申请和办理广告投放（制造企业）

（一）业务描述

针对已经开发的市场，必须进行广告投放才能获取该市场的订单，进行商品销售。制造企业市场专员依据公司的销售策略，提交投放广告申请及预算表，报由营销部经理审核批准后，去服务公司办理投放广告业务。

（二）业务流程

业务流程如图 5-53 所示。

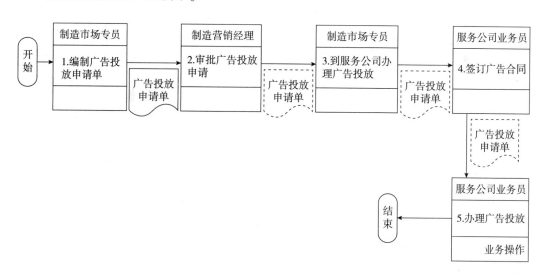

图 5-53　制造企业申请和办理广告投放流程

（三）注意事项

（1）在业务流程第五步中，服务公司业务员根据广告投放申请单在 VBSE 系统平台业务操作中，选择投放广告的市场、录入广告金额，完成制造企业广告投放业务。

（2）广告投放一次有效期限为一个虚拟日，在下一个虚拟日需要重新投放广告才能选择订单。

（3）针对已开拓市场进行广告投放，不针对具体产品。

五、MJD5 收到广告费发票（制造企业）

（一）业务描述

制造企业市场专员根据广告投放申请单到服务公司领取广告费增值税专用发票，核对后提交本企业相关部门审核；再由财务会计根据增值税专用发票填写记账凭证，并登记相关明细账；最后由财务经理完成总账登记。

（二）业务流程

业务流程如图 5-54 所示。

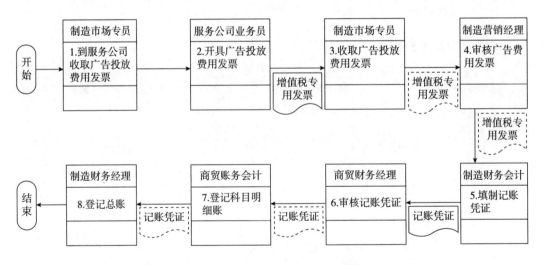

图 5-54 制造企业收到广告费发票流程

（三）注意事项

（1）服务公司业务员根据广告投放申请单开具增值税专用发票，加盖发票专用章后，将第二联抵扣联和第三联发票联交给制造企业市场专员。

（2）制造企业财务会计依据增值税专用发票填制记账凭证，其可参考的会计分录为：

借：销售费用——广告费

应交税费——应交增值税——进项税额

贷：应付账款——融通综合服务公司

六、MJD6 支付广告投放费用（制造企业）

（一）业务描述

制造企业市场专员根据服务公司开具的市场广告费发票提交支付广告费申请，并按照企业的财务流程办理付款手续；财务会计根据转账支票存根和付款申请单填写记账凭证，并登记相关明细账；最后由财务经理完成总账登记。

（二）业务流程

业务流程如图5-55所示。

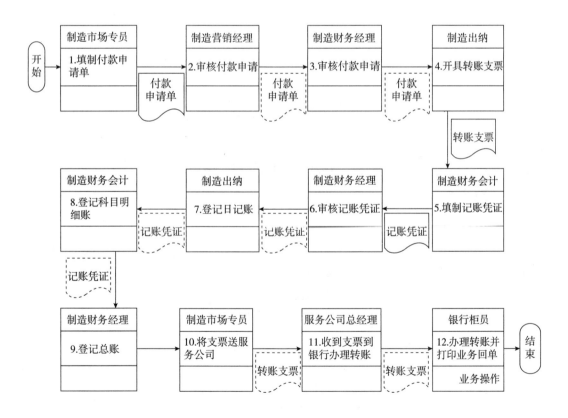

图 5-55 制造企业支付广告费流程

（三）注意事项

（1）在业务流程第十二步中，银行柜员根据服务公司业务员提供的转账支票和进账单在 VBSE 系统平台业务操作中完成转账业务。

（2）制造企业财务会计根据转账支票存根和付款申请单填制记账凭证，其可参考的会计分录为：

借：应付账款——融通综合服务公司
　　贷：银行存款——工商银行

七、MJD7 查看虚拟销售订单（制造企业）

（一）业务描述

制造企业销售专员在系统中查看中部地区的虚拟订单信息。

（二）业务流程

业务流程如图 5-56 所示。

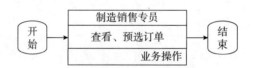

图 5-56　制造企业查看虚拟市场订单流程

（三）注意事项

在业务流程中，制造企业销售专员在 VBSE 系统平台业务操作中查看中部市场的可选订单，进行预选，等待服务公司通知后进行选单。

八、MJD8 组织制造企业竞单（服务公司）

（一）业务描述

服务公司总经理组织制造企业销售专员进行竞单。

（二）业务流程

业务流程如图 5-57 所示。

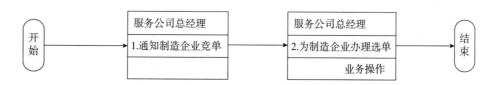

图 5-57　服务公司组织制造企业竞单流程

（三）注意事项

在业务流程第二步中，服务公司总经理在 VBSE 系统平台业务操作中按照广告费多少依次组织制造企业进行订单选择。

九、MJD9 查看竞单结果（制造企业）

（一）业务描述

制造企业销售专员在 VBSE 系统中查看选择的虚拟订单信息。

（二）业务流程

业务流程如图 5-58 所示。

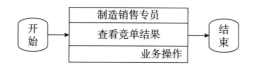

图 5-58　制造企业查看竞单结果流程

（三）注意事项

在业务流程中，制造企业销售专员在 VBSE 系统平台业务操作中查看已选择的订单，确认订单信息和交货日期是否正确。

十、MJD10 给虚拟经销商发货（制造企业）

（一）业务描述

制造企业按照所选择的虚拟客户订单约定的时间和内容向虚拟客户下达发货通知。

（二）业务流程

业务流程如图 5-59 所示。

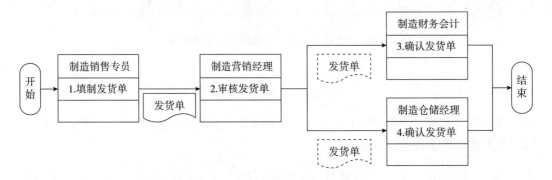

图 5-59　制造企业准备发货流程

十一、MJD11 给虚拟经销商办理出库并开发票（制造企业）

（一）业务描述

制造企业仓管员按照销售部提供的发货单填制产品出库单，并报仓储部经理审核，批准后给虚拟客户发货；营销部提交开具增值税专用发票申请；财务部依据申请开出增值税专用发票，再根据相关原始凭证填写记账凭证，并完成相关明细账和总账登记。

（二）业务流程

业务流程如图 5-60 所示。

（三）注意事项

（1）在业务流程第三步中，制造企业仓管员根据销售出库单在 VBSE 系统平台业务操作中拖动小车完成商品销售出库业务。

（2）出纳根据销售发货明细表和销售订单信息开具商品的增值税专用发票，加盖发票专用章后，将第二联抵扣联和第三联发票联交给虚拟客户。但在 VBSE 系统平台中，由于虚拟客户由系统担任，故由商贸企业暂存增值税专用发票的第二联抵扣联和第三联发票联。

（3）在实训中，产品存货计价方法采用全月一次加权平均法，发出产品成本在月末计算，所以在业务流程第十二步中，成本会计登记数量金额式明细账时只登记数量，单价在月末成本核算后登记。

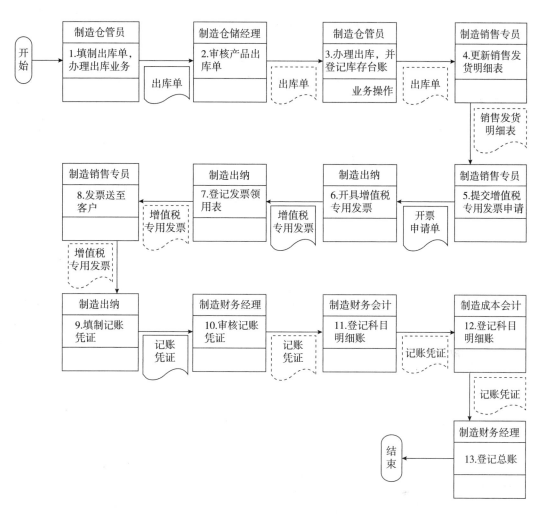

图 5-60　制造企业给虚拟经销商办理出库并开发票流程

（4）出纳依据增值税专用发票第一联记账联填制记账凭证，其可参考的会计分录为：

借：应收账款

贷：主营业务收入

应交税费——应交增值税——销项税额

十二、MJD12 收到虚拟经销商货款（制造企业）

（一）业务描述

销售发货完成后，制造企业销售专员定期跟踪催促货款的收回。确认收到货款后，财务部门根据银行业务回单填写记账凭证，并完成相关明细账和总账登记。在 VBSE 系统中，由于虚拟客户由系统担任，故制造企业只要根据销售订单执行货款回收即可。

（二）业务流程

业务流程如图 5-61 所示。

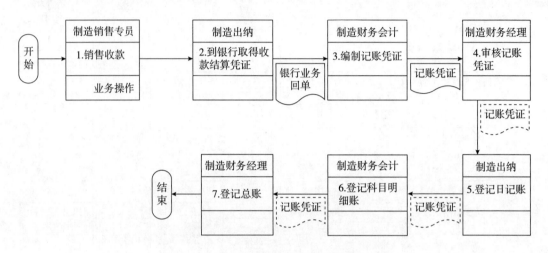

图 5-61　制造企业收到虚拟经销商货款流程

（三）注意事项

（1）在业务流程第一步中，制造企业销售专员在 VBSE 系统平台业务操作中办理销售收款业务。

（2）财务会计依据银行业务回单填制记账凭证，其可参考的会计分录为：

借：银行存款——工商银行

　　贷：应收账款

第一节　制造企业与政务、服务组织

一、zj90062 市场监督管理检查（市监局）

（一）业务描述

市场监督管理局根据《市场监督管理暂行规定》进入企业进行检查，记录结果，对于恶意抢单、垄断价格等不正当竞争行为，以及逾期交货、付款等违规行为，开具市场监督管理行政处罚决定书，并跟踪整改情况。

（二）业务流程

业务流程如图 6-1 所示。

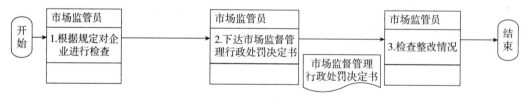

图 6-1　市场监督管理检查流程

二、zj90063 商标制作及注册（制造企业）

（一）业务描述

商标是用来区别不同经营者的品牌或服务的标记。注册者有专用权，其受法律的保护。制造企业行政助理制作本企业的商标标识，制作完成后提交市场监督部门审核、公示并备案。

（二）业务流程

业务流程如图 6-2 所示。

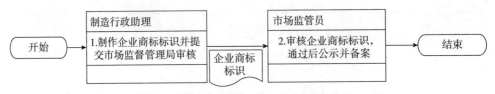

图 6-2 制造企业商标制作及注册流程

三、zj90068 企业年度报告公示（制造企业）

（一）业务描述

新出台的《注册资本登记制度改革方案》提出，企业年检制度改为企业年度报告公示制度。企业应当按年度在规定的期限内，通过全国企业信用信息公示系统向市场监督管理机关报送年度报告，并向社会公示，任何单位和个人均可查询。企业年度报告的主要内容，包括公司股东（发起人）缴纳出资情况、资产状况等。企业对年度报告的真实性、合法性负责，市场监督管理机关可以对企业年度报告公示内容进行抽查。

在实训中，每年年初行政助理在系统中提交本企业年报数据（即上一年经营数据），由市场监督管理局审核、公示。

（二）业务流程

业务流程如图 6-3 所示。

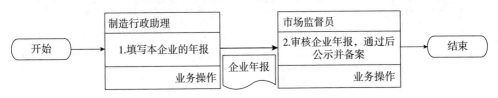

图 6-3 制造企业年度报告公示流程

（三）注意事项

（1）在业务流程第一步中，制造企业行政助理在 VBSE 系统平台业务操作中，依次进行企业联络员注册和企业公示信息填报，完成企业年报申报业务。

（2）在业务流程第二步中，市场监督员在 VBSE 系统平台业务操作中审核已经申报的企业年报，完成企业年报审核公示业务。

四、MSB1 签订社保公积金同城委托收款协议（制造企业）

（一）业务描述

为保证社保公积金能够顺利地扣划至社保公积金账户，人力资源和社会保障局（以下简称人社局）、企业和银行签订"社保公积金委托银行代收合同书"三方协议，授权银行从企业账户中划扣社保公积金。

（二）业务流程

业务流程如图 6-4 所示。

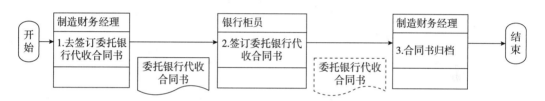

图 6-4　制造企业签订社保公积金同城委托收款协议

五、zj90092 下达社保稽核通知书（人社局）

（一）业务描述

社保稽核是指社保机构检查用人单位缴纳社会保险的情况，具有促进社会保险基金的征缴、防止社保基金流失、促进参保企业公平竞争、提高社保管理质量等作用。在实训中，人力资源和社会保障局填写社保稽核通知书，下发至制造企业、工贸企业和商贸企业。

（二）业务流程

业务流程如图 6-5 所示。

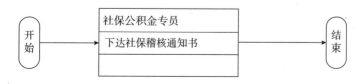

图 6-5　人社局下达社保稽查通知书流程

六、zj90093 社保稽核（人社局）

（一）业务描述

人力资源和社会保障局根据制定的社会保障制度对企业进行社保稽核，对于不存在问题的企业出具社会保险稽核报告；对于存在问题的企业下达稽核整改意见书。

（二）业务流程

业务流程如图 6-6 所示。

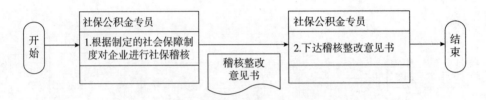

图 6-6　人社局社保稽查流程

（三）注意事项

在业务流程中，社保公积金专员在 VBSE 系统平台业务系统中，查询企业"五险一金"缴纳状况，对于存在问题的企业下达稽核整改意见书。

七、zj90094 行政处罚（人社局）

（一）业务描述

人力资源和社会保障局根据《稽核整改意见书》检查企业整改情况，若按时整改，确认后不作处罚；对于未按时整改的企业，开具《行政处罚建议书》并提交劳动监察部门，劳动监察部门依据《行政处罚建议书》开具《行政处罚决定书》，对问题企业进行行政处罚。

（二）业务流程

业务流程如图 6-7 所示。

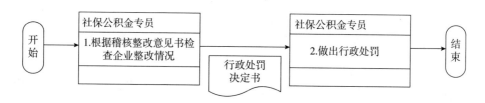

图 6-7　人社局行政处罚流程

八、MWX1 扣缴"五险一金"（制造企业）

（一）业务描述

企业每月月初缴纳上月"五险一金"，采用同城委托收款方式由银行将应缴纳的"五险一金"划账到人力资源和社会保障局专用账户；财务会计填写记账凭证并登记相关明细账；最后由财务经理完成总账登记。

（二）业务流程

业务流程如图 6-8 所示。

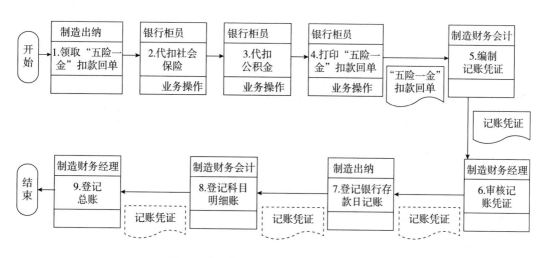

图 6-8　制造企业"五险一金"扣缴流程

（三）注意事项

（1）在业务流程第二步中，银行柜员在 VBSE 系统平台业务操作中选择相应企业，为企业代理扣缴社会保险费。

（2）在业务流程第三步中，银行柜员在 VBSE 系统平台业务操作中选择相应企业，为企业代理扣缴住房公积金。

（3）在业务流程第四步中，银行柜员在 VBSE 系统平台业务操作中打印企业"五险一金"扣款回单。

（4）财务会计根据银行代扣"五险一金"的回单填制记账凭证，其可参考的会计分录为：

借：其他应付款——社会保险费

其他应付款——住房公积金

贷：银行存款——工商银行

（5）此处的社会保险费和住房公积金为个人和单位缴纳金额的总和。

九、MSS1 签订税务同城委托收款协议（制造企业）

（一）业务描述

为保证企业申报的税款能够顺利地扣划至国库，税务机关要求企业提供一家开户银行信息，并和企业、银行签订"授权划缴税款协议书"三方协议，授权银行从企业账户中扣划税款。

（二）业务流程

业务流程如图 6-9 所示。

图 6-9　制造企业签订税务同城委托收款协议

十、zj90053 税务稽查（税务局）

（一）业务描述

税务稽查是税收征收管理工作的重要步骤和环节，是税务机关代表国家依法对纳税人的纳税情况进行检查监督的一种形式。税务局根据制定的税务管理规定对企业进行随机的稽查，记录、公示稽查结果，并对问题企业做出行政处罚。

（二）业务流程

业务流程如图 6-10 所示。

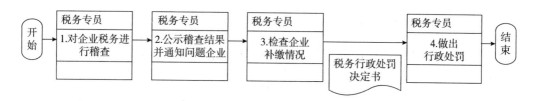

图 6-10　税务局税务稽查流程

十一、MFP1 申领增值税发票（制造企业）

（一）业务描述

税务机关根据企业的经营规模和销售收入核定企业每月购买增值税专用发票的限额及次数。如不能满足企业生产经营需要，企业可以向税务机关提出增量申请。向税务机关申请领用增值税专用发票时，申请人需携带《营业执照》副本与经办人身份证。

（二）业务流程

业务流程如图 6-11 所示。

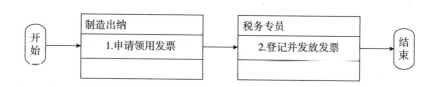

图 6-11　制造企业申领增值税发票流程

十二、MGS1 申报个人所得税（制造企业）

（一）业务描述

个人所得税采用代扣代缴的方式，即负有扣缴税款义务的单位或个人，在向个人支付应纳税所得时，应计算应纳税额，从其所得中扣除并缴入国库，同时向税务机关报送扣缴个人所得税报告表。每月月初，财务会计依据人力资源部提交的工资表和员工信息，依次填写《个人所得税基础信息》和《扣缴个人所得税报告表》，提交税务机关，完成网上申报和扣缴。

（二）业务流程

业务流程如图 6-12 所示。

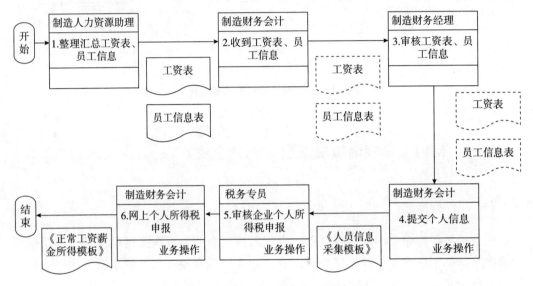

图 6-12　制造企业申报个人所得税流程

（三）注意事项

（1）在业务流程第四步中，财务会计依据员工信息表，在 VBSE 系统平台业务操作中下载《人员信息采集模板》，填写人员信息，并提交税务机关审核。

（2）在业务流程第五步中，税务专员在 VBSE 系统平台业务操作中审核企业提交的人员信息。

（3）在业务流程第六步中，财务会计依据员工信息表和工资表，在 VBSE 系统平台业务操作中下载《正常工资薪金所得模板》，填写相关信息，完成扣缴个人所得税。

（4）填写《人员信息采集模板》和《正常工资薪金所得模板》时，两个表格中员工信息必须一致。

（5）业务操作流程可参看教学网站相关视频。

十三、MGS2 缴纳个人所得税（制造企业）

（一）业务描述

制造企业出纳查询本企业银行流水，确认个人所得税扣款成功后，到银行领取缴税证明；财务会计填写记账凭证并登记相关明细账；最后由财务经理完成总账登记。

（二）业务流程

业务流程如图 6-13 所示。

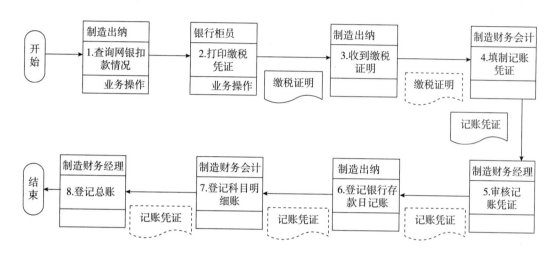

图 6-13 制造企业缴纳个人所得税流程

（三）注意事项

（1）在业务流程第一步中，出纳在 VBSE 系统平台业务操作中查询本企业银行流水，确认个人所得税扣款成功。

（2）在业务流程第二步中，银行柜员在 VBSE 系统平台业务操作中打印缴税凭证。

（3）财务会计根据缴税证明填制记账凭证，其可参考的会计分录为：

借：应交税费——个人所得税

　　贷：银行存款——工商银行

十四、MZZ1 申报企业增值税（制造企业）

（一）业务描述

增值税采用间接计算方法（进项抵扣法），用纳税人收取的销项税额抵扣其支付的进项税额，其差额为纳税人实际缴纳的增值税税额。每月月初，制造企业财务部经理整理增值税申报相关资料，根据增值税专用发票认证结果通知书和上月增值税专用发票明细表在网上申报上月增值税。

（二）业务流程

业务流程如图 6-14 所示。

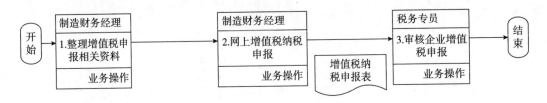

图 6-14　制造企业申报企业增值税流程

（三）注意事项

（1）在业务流程第一步中，财务经理在 VBSE 系统平台业务操作中整理增值税申报相关资料。

（2）在业务流程第二步中，财务经理根据增值税相关资料，在 VBSE 系统平台业务操作中依次填写增值税纳税申报表附列资料和主表，并提交税务机关审核。

（3）在业务流程第三步中，税务专员在 VBSE 系统平台业务操作中审核企业提交的增值税申报。

（4）业务操作流程可参看教学网站相关视频。

十五、MZZ2 缴纳企业增值税（制造企业）

（一）业务描述

财务经理确认增值税申报状态为"审核通过"后提交扣款；出纳查询本企业银行流水，确认企业增值税扣款成功后，到银行领取缴税证明；财务会计填写记账凭证并登记相关明细账；最后由财务经理完成总账登记。

（二）业务流程

业务流程如图 6-15 所示。

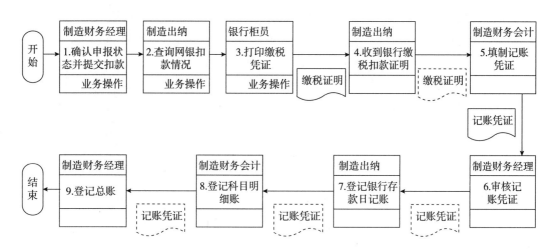

图 6-15 制造企业缴纳企业增值税流程

（三）注意事项

（1）在业务流程第一步中，财务会计在 VBSE 系统平台业务操作中查看申报状态，确认申报表为"审核通过"状态后，点击"扣款"按钮完成增值税缴纳。

（2）在业务流程第二步中，出纳在 VBSE 系统平台业务操作中查询本企业银行流水，确认企业增值税扣款成功。

（3）在业务流程第三步中，银行柜员在 VBSE 系统平台业务操作中打印缴税凭证。

（4）财务会计根据缴税证明填制记账凭证，其可参考的会计分录为：

借：应交税费——未交增值税

　　贷：银行存款——工商银行

十六、MZZ3 认证增值税抵扣联（制造企业）

（一）业务描述

纳税人购进货物或接受应税劳务支付所负担的增值税额为进项税额，只有经过税务机关认证的进项税额才可以进行抵扣。在实训中，每月月末企业需要将所有的增值税专用发票抵扣联整理好，拿到税务部门进行抵扣认证，经税务部门认证核对无误后，获得盖章的认证结果通知书后，与抵扣联一并装订。

（二）业务流程

业务流程如图 6-16 所示。

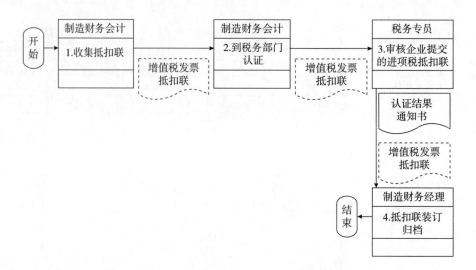

图 6-16　制造企业增值税抵扣联认证流程

十七、MYS1 与制造企业签订运输合同（物流公司）

（一）业务描述

制造企业从工贸企业采购原材料，必须委托物流公司运输。物流公司为规范商业活动，保护公司利益，与制造企业签订物流运输合同。

（二）业务流程

业务流程如图 6-17 所示。

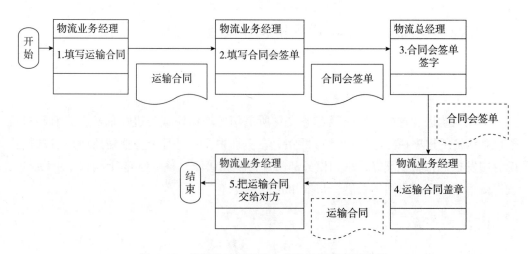

图 6-17　物流公司与制造企业签订运输合同流程

（三）注意事项

注意事项参考第五章第二节 MCG1 与工贸企业签订购销合同（制造企业）业务。

十八、MYS2 与物流公司签订运输合同（制造企业）

（一）业务描述

制造企业从工贸企业采购原材料，必须委托物流公司运输。制造企业仓储部为规范商业活动，保护公司利益，与物流公司签订物流运输合同。

（二）业务流程

业务流程如图 6-18 所示。

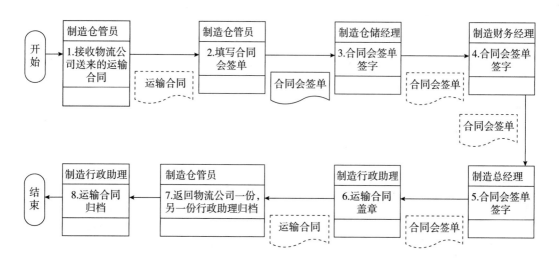

图 6-18　制造企业与物流公司签订运输合同流程

（三）注意事项

注意事项参考第五章第二节 MCG1 与工贸企业签订购销合同（制造企业）业务。

十九、MGZ1 签订代发工资协议（制造企业）

（一）业务描述

人力资源部与银行签订工资代发协议，由银行按照双方约定的时间统一发放工资给企业的各个员工。

（二）业务流程

业务流程如图 6-19 所示。

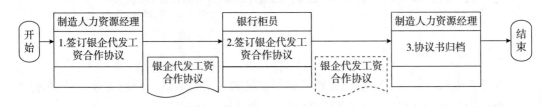

图 6-19　制造企业签订代发工资协议流程

二十、MKK1 批量办理个人银行卡 （制造企业）

（一）业务描述

企业员工的个人银行卡是个人薪资报酬领取的重要工具。人力资源部根据企业员工信息，填写《借记卡集体申领登记表》，到银行办理发放工资的银行卡。

（二）业务流程

业务流程如图 6-20 所示。

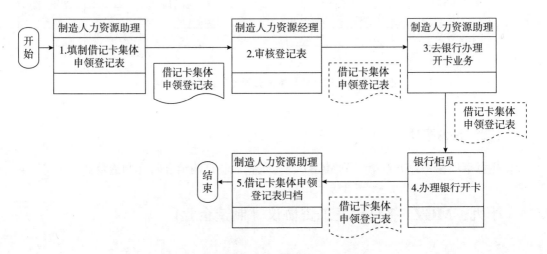

图 6-20　制造企业批量办理个人银行卡

二十一、MXC2 发放薪酬（制造企业）

（一）业务描述

每月月末，人力资源部门统计考勤和基本工资，计算每位员工的应发工资、个人和企业分别应承担的"五险一金"，并按部门汇总出应付职工薪酬总额。次月月初财务部门将实发工资（扣除个人承担的社会保险费、住房公积金和个人所得税）通过银行转账发放到个人工资卡中。

（二）业务流程

业务流程如图 6-21 所示。

（三）注意事项

（1）在业务流程第一步中，人力资源助理依据薪酬发放表，在 VBSE 系统平台业务操作中核对职工基本工资，确认无误后导出薪资数据。

（2）在业务流程第八步中，银行柜员依据制造企业导出的薪资数据，在 VBSE 系统平台业务操作中完成薪酬发放。

（3）制造企业财务会计根据银行业务回单、转账支票存根和支出凭单填制记账凭证，其可参考的会计分录为：

借：应付职工薪酬——工资
　　应付职工薪酬——社会保险费
　　应付职工薪酬——住房公积金
　　贷：银行存款——工商银行
　　　　应交税费——应交个人所得税
　　　　其他应付款——社会保险费
　　　　其他应付款——住房公积金

二十二、MZP1 购买支票（制造企业）

（一）业务描述

各企业使用的支票由银行制作并收取工本费，使用者必须到银行购买使用，任何企业和个人不得自制支票。在实训中，购买支票采用现金支付的方式进行。

（二）业务流程

业务流程如图 6-22 所示。

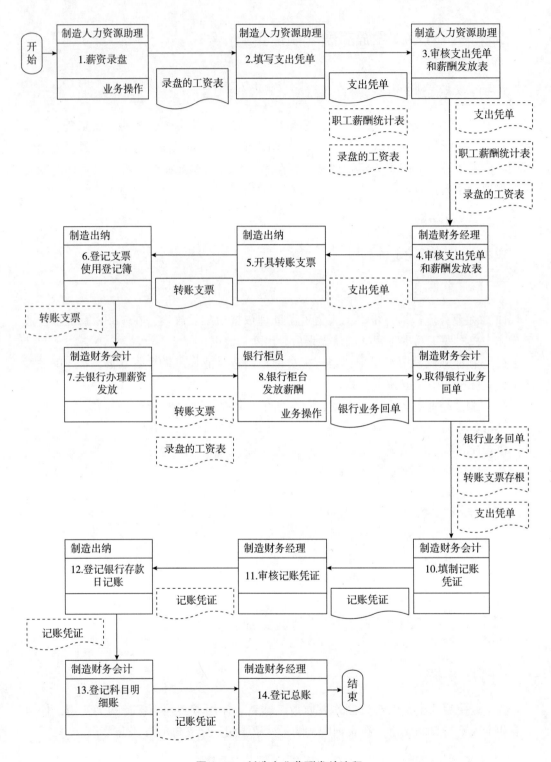

图 6-21　制造企业薪酬发放流程

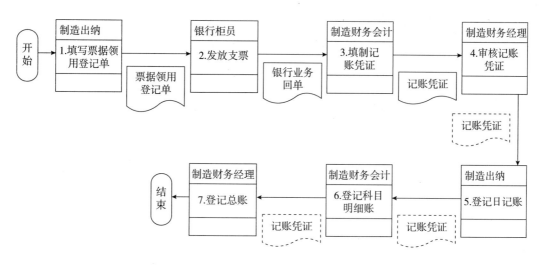

图 6-22   制造企业购买支票流程

（三）注意事项

财务会计填制记账凭证，其可参考的会计分录为：

借：管理费用——办公费

　　贷：库存现金

二十三、MDK1 申请抵押贷款（制造企业）

（一）业务描述

当制造企业发展缺乏资金时，可以通过抵押厂房、仓库等不动产向银行申请贷款。

（二）业务流程

业务流程如图 6-23 所示。

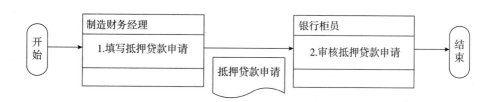

图 6-23   制造企业申请抵押贷款流程

二十四、MDK2 签订抵押贷款合同并放款（制造企业）

（一）业务描述

制造企业与银行签订抵押贷款合同，银行完成放款操作。

（二）业务流程

业务流程如图 6-24 所示。

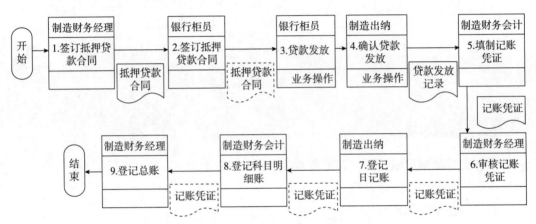

图 6-24　制造企业签订抵押贷款合同并放款流程

（三）注意事项

（1）在业务流程第三步中，银行柜员根据抵押贷款合同，在 VBSE 系统平台业务操作中选择贷款企业，录入贷款金额、利率和期限，完成发放贷款业务。

（2）在业务流程第四步中，制造企业出纳在 VBSE 系统平台业务操作中，查看企业银行流水，确认贷款发放完成。

（3）财务会计依据贷款发放记录填制记账凭证，其可参考的会计分录为：

借：银行存款——工商银行

　　贷：短期借款

二十五、MDK3 贷款还款（制造企业）

（一）业务描述

制造企业从银行获取抵押贷款后，需要按照贷款合同约定定期向银行支付贷款利息并按期归还本金。

(二) 业务流程

业务流程如图 6-25 所示。

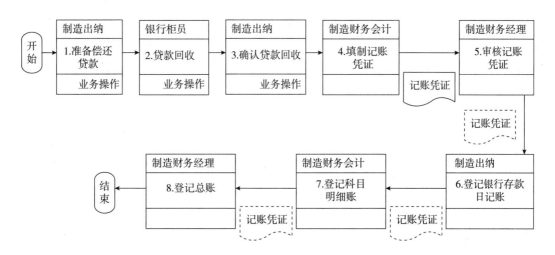

图 6-25　制造企业贷款还款流程

(三) 注意事项

（1）在业务流程第一步中，制造企业出纳在 VBSE 系统平台业务操作中，查看企业银行流水，确认需要偿还的贷款本金与利息金额。

（2）在业务流程第二步中，银行柜员根据抵押贷款合同，在 VBSE 系统平台业务操作中，完成回收贷款本金与利息业务。

（3）在业务流程第三步中，制造企业出纳在 VBSE 系统平台业务操作中，查看企业银行流水，确认贷款已偿还。

（4）财务会计依据贷款还款记录填制记账凭证，其可参考的会计分录为：

借：短期借款

　　财务费用——贷款利息

　　贷：银行存款——工商银行

二十六、MGR1 招聘生产工人（制造企业）

(一) 业务描述

人力资源助理根据企业生产需要，按照招聘流程，通过服务公司招聘生产工人，并向服务公司支付人才招聘费。

（二）业务流程

业务流程如图 6-26 所示。

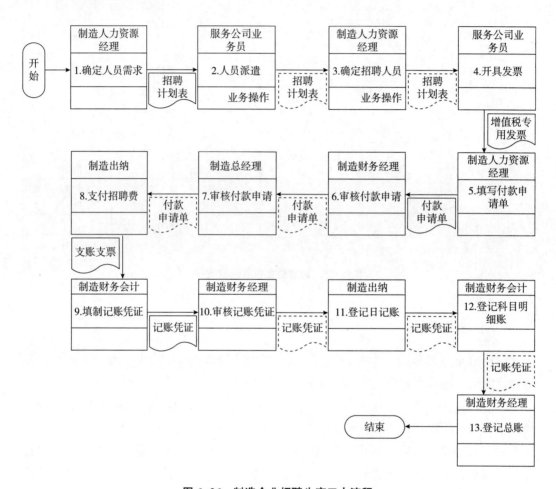

图 6-26 制造企业招聘生产工人流程

（三）注意事项

（1）在业务流程第二步中，服务公司业务员根据招聘计划表，在 VBSE 系统平台业务操作中选择公司，输入相应派遣人员数量，完成人员派遣业务。

（2）在业务流程第三步中，制造企业人力资源经理在 VBSE 系统平台业务操作中查看并确定人员派遣，完成人员接收业务。

（3）在业务流程第八步中，制造企业出纳按照付款申请单金额开具转账支票，交付服务公司总经理，由服务公司总经理到银行办理转账。

（4）招聘完成后，工人可立即上岗，无须等待下个虚拟日。

（5）招聘生产工人后注意及时进行相应的社会保险和公积金增（减）员申报业务。

（6）财务会计依据转账支票存根和付款申请单填制记账凭证，其可参考的会计分录为：

借：管理费用——招聘费

应交税费——应交增值税——进项税额

贷：银行存款——工商银行

二十七、MJP1 解聘生产工人（制造企业）

（一）业务描述

企业与职工签订的劳动合同未到期之前，企业由于种种原因需要提前终止劳动合同而辞退员工。实训中人力资源部经理根据公司生产需要，按照解聘流程进行员工解聘业务。

（二）业务流程

业务流程如图 6-27 所示。

图 6-27　制造企业解聘生产工人流程

（三）注意事项

（1）在业务流程中，制造企业人力资源经理在 VBSE 系统平台业务操作中选择已经离岗的工人，完成人员解聘业务。注意：不能解聘尚未离岗的工人。

（2）解聘生产工人后注意及时进行相应的社会保险和公积金减员申报业务。

（3）在解聘生产工人时，按照规定需要支付辞退福利，财务会计填写记账凭证，其可参考的会计分录为：

①借：管理费用——辞退福利

贷：应付职工薪酬——辞退福利

②借：应付职工薪酬——辞退福利

贷：银行存款——工商银行

二十八、MZY1 社会保险和公积金增（减）员（制造企业）

（一）业务描述

人力资源部根据本企业实际用工的情况，在招聘或解聘生产工人时，依照公司的相关规定办理入职、离职人员的社保和公积金的变更手续。

（二）业务流程

业务流程如图 6-28 所示。

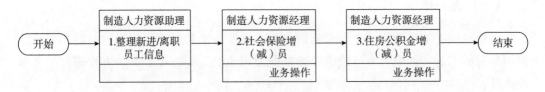

图 6-28　制造企业社会保险和公积金增（减）员流程

（三）注意事项

（1）在业务流程第二步中，人力资源经理根据招（解）聘人员信息，在 VBSE 系统平台业务操作中增加、删除或修改人员信息，完成社会保险增（减）员业务。

（2）在业务流程第三步中，人力资源经理根据招（解）聘人员信息，在 VBSE 系统平台业务操作中增加、删除或修改人员信息，完成住房公积金增（减）员业务。

（3）为了保障扣缴当月五险一金的准确性，人力资源经理在进行"招聘生产工人"和"解聘生产工人"操作后，请及时完成社会保险和公积金增（减）员任务。

二十九、MYF1 办理产品研发（制造企业）

（一）业务描述

根据生产经营需要，制造企业可以通过从服务公司购买生产许可证来模拟新产品研发的过程。

（二）业务流程

业务流程如图 6-29 所示。

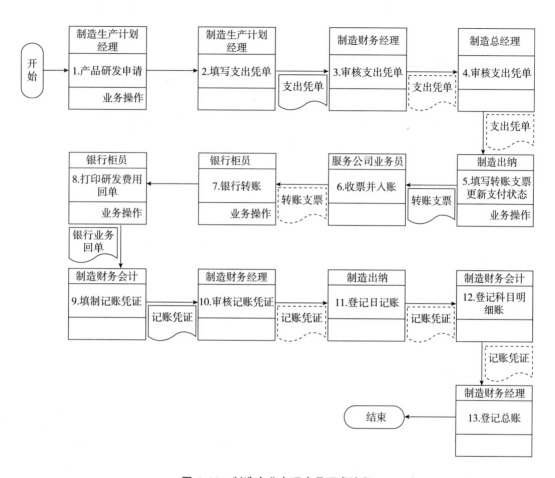

图 6-29 制造企业办理产品研发流程

（三）注意事项

（1）在业务流程第一步中，制造企业生产计划经理在 VBSE 系统平台业务操作中，选择研发类型，点击"申请"按钮，完成产品研发申请业务。

（2）在业务流程第五步中，制造企业出纳在 VBSE 系统平台业务操作中选择研发类型，点击"支付"按钮，完成更新支付状态业务。

（3）在业务流程第六步中，服务公司业务员根据收到的产品研发转账支票开具增值税专用发票，加盖发票专用章后，将第二联抵扣联和第三联发票联交给制造企业出纳，同时到银行办理入账。

（4）在业务流程第七步中，银行柜员根据服务公司业务员提供的转账支票和进账单，在 VBSE 系统平台业务操作中完成转账业务。

（5）产品研发的研发周期为一个虚拟日，开始研发后，下个虚拟日研发完成。

（6）财务会计依据支票存根和银行业务回单填制记账凭证，其可参考的会计分录为：

借：管理费用——研发费用

应交税费——应交增值税——进项税额

贷：银行存款——工商银行

三十、MRZ1 申请和办理 ISO 9000 认证（制造企业）

（一）业务描述

ISO 9000 认证是国际标准化组织（ISO）制定的国际通行的标准，质量管理体系认证是企业质量控制的基本要求。生产计划经理为提升企业质量管理水平，向服务公司申请办理 ISO 9000 认证。

（二）业务流程

业务流程如图 6-30 所示。

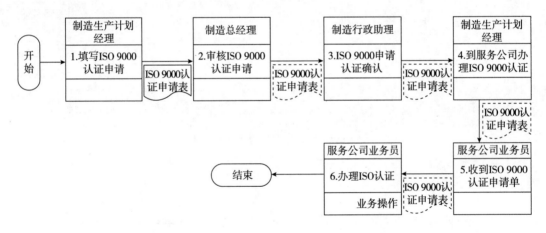

图 6-30　制造企业申请和办理 ISO 9000 认证流程

（三）注意事项

（1）在业务流程第六步中，服务公司业务员根据 ISO 9000 认证申请表在 VBSE 系统平台业务操作中选择相应公司名称，完成认证业务。

（2）作为质量管理体系认证，该认证不区分产品，企业进行 ISO 9000 认证后才可进行生产。

（3）ISO 9000 认证后立即生效，无须等待下个虚拟日。

三十一、MRZ2 收到 ISO 9000 认证发票（制造企业）

（一）业务描述

制造企业收到服务公司开具的增值税专用发票（ISO 9000 认证），财务部门填写记账凭证，并完成相关明细账和总账登记。

（二）业务流程

业务流程如图 6-31 所示。

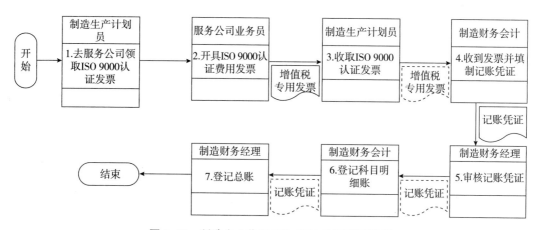

图 6-31　制造企业收到 ISO 9000 认证发票流程

（三）注意事项

（1）服务公司业务员根据 ISO 9000 认证申请表开具增值税专用发票，并盖发票专用章，将第二联抵扣联和第三联发票联交给制造企业生产计划员。

（2）财务会计依据增值税专用发票填制记账凭证，其可参考的会计分录为：

借：管理费用——咨询费

应交税费——应交增值税——进项税额

贷：应付账款——融通综合服务公司

三十二、MRZ3 支付 ISO 9000 认证费（制造企业）

（一）业务描述

生产计划员根据服务公司开具的认证费用发票填写付款申请单，并交生产计划部

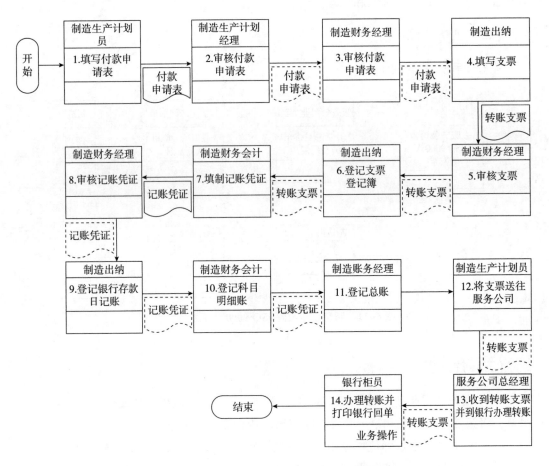

经理和财务部经理审批；批准后，出纳按照企业的财务付款流程依次办理付款手续；再由财务会计根据转账支票存根和付款申请单填写记账凭证，并登记相关明细账；最后由财务经理完成总账登记。

(二) 业务流程

业务流程如图 6-32 所示。

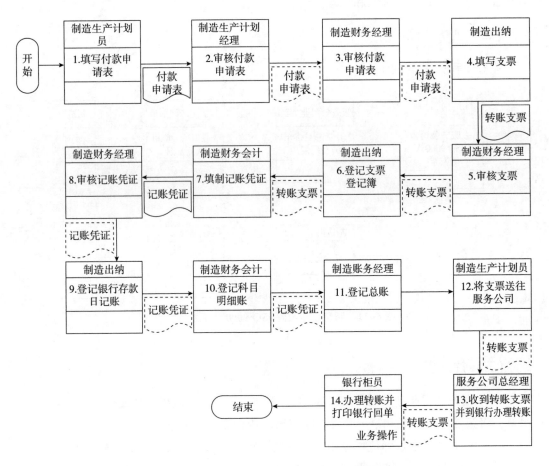

图 6-32　制造企业支付 ISO 9000 认证费流程

(三) 注意事项

（1）在业务流程第十四步中，银行柜员根据服务公司总经理提供的转账支票和进账单，在 VBSE 系统平台业务操作中完成转账业务。

（2）财务会计依据转账支票存根和付款申请单填制记账凭证，其可参考的会计分录为：

借：应付账款——融通综合服务公司

贷：银行存款——工商银行

三十三、MCC1 办理 3C 认证（制造企业）

（一）业务描述

3C 认证的全称为"强制性产品认证制度"，它是我国政府为保护消费者人身安全和国家安全、加强产品质量管理、依照法律法规实施的一种产品合格评定制度。制造企业生产计划经理为了销售公司产品，必须向服务公司申请办理 3C 认证。

（二）业务流程

业务流程如图 6-33 所示。

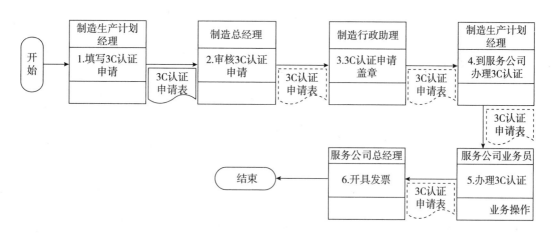

图 6-33 制造企业办理 3C 认证流程

（三）注意事项

（1）在业务流程第五步中，服务公司业务员根据 3C 认证申请表，在 VBSE 系统平台业务操作中选择公司名称和需要认证的产品，完成认证业务。

（2）服务公司总经理根据 3C 认证申请表开具增值税专用发票，并盖发票专用章，将第二联抵扣联和第三联发票联交给制造企业。

（3）3C 认证是强制性产品认证，三种童车产品须分别进行 3C 认证，企业对某种产品进行 3C 认证后才能销售该类型童车。在本实训中，所有制造企业在期初已拥有经济型童车的 3C 认证。

（4）3C 认证只能在该产品研发后进行，认证完成后立即生效，无须等待下个虚拟日。

三十四、MCC2 支付 3C 认证款（制造企业）

（一）业务描述

采购经理根据服务公司开具的认证费用发票填写付款申请单，并交财务经理和总经理审批；审批后，出纳按照企业的财务付款流程依次办理付款手续；再由财务会计根据转账支票存根和付款申请单填写记账凭证，并登记明细账；最后由财务经理完成总账登记。

（二）业务流程

业务流程如图 6-34 所示。

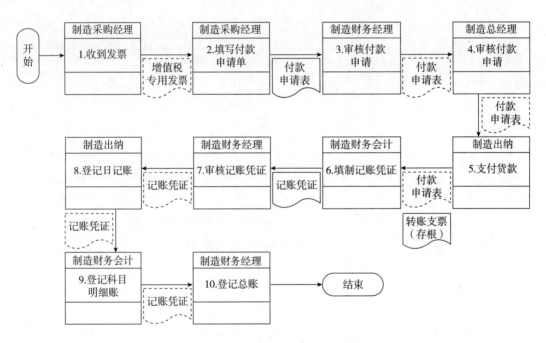

图 6-34　制造企业支付 3C 认证款流程

（三）注意事项

财务会计依据转账支票存根和付款申请单填制记账凭证，其可参考的会计分录为：

借：管理费用——咨询费

应交税费——应交增值税——进项税额

贷：银行存款

三十五、MCC3 回收 3C 认证款（服务公司）

（一）业务描述

服务公司业务员收到制造企业递交的转账支票，到银行办理回收 3C 认证款业务。

（二）业务流程

业务流程如图 6-35 所示。

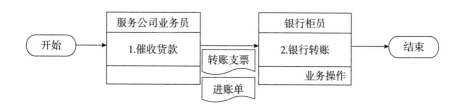

图 6-35　服务公司回收 3C 认证款流程

（三）注意事项

在业务流程第二步中，银行柜员根据服务公司业务员提供的转账支票和进账单，在 VBSE 系统平台业务操作中完成转账业务。

三十六、MSD1 报送车间电费并收到服务公司的发票（制造企业）

（一）业务描述

当制造企业进行生产时会产生水电费。每月月末，制造企业车间管理员统计车间与组装车间电费并交到服务公司。服务公司根据水电缴费表开具增值税专用发票（电费）；成本会计根据服务公司开具的增值税专用发票填写记账凭证，并登记相关明细账；最后由财务经理完成总账登记。

（二）业务流程

业务流程如图 6-36 所示。

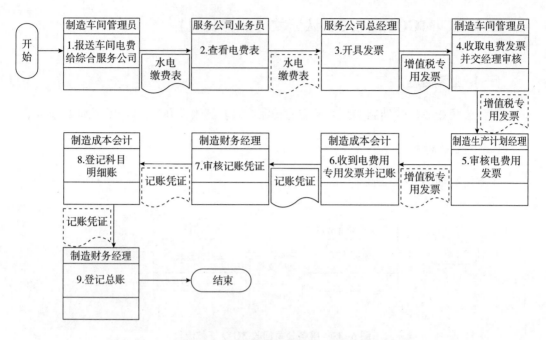

图 6-36　制造企业报送车间电费并收到服务公司发票流程

（三）注意事项

成本会计依据增值税专用发票填制记账凭证，其可参考的会计分录为：

借：制造费用——机加车间——水电费

　　制造费用——组装车间——水电费

　　应交税费——应交增值税——进项税额

贷：应付账款——融通综合服务公司

三十七、MSD2 支付车间电费（制造企业）

（一）业务描述

制造企业车间根据服务公司开具的电费发票填写付款申请单后交由生产计划部经理和财务部经理审批；批准后，出纳按照企业的财务付款流程依次办理付款手续；再由财务会计根据转账支票存根和付款申请单填写记账凭证，并登记相关明细账；最后由财务经理完成总账登记。

（二）业务流程

业务流程如图 6-37 所示。

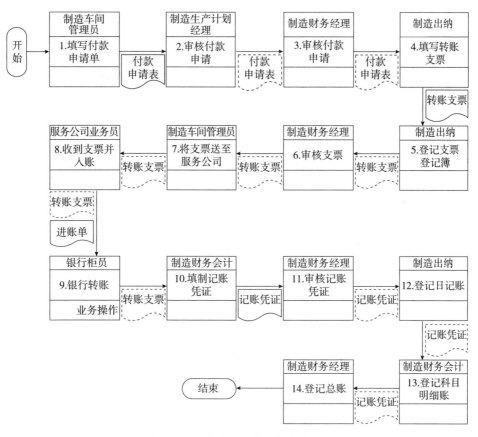

图 6-37　制造企业支付车间电费流程

（三）注意事项

（1）在业务流程第九步中，银行柜员根据服务公司业务员提供的转账支票和进账单，在 VBSE 系统平台业务操作中完成转账业务。

（2）财务会计依据转账支票存根和付款申请单填制记账凭证，其可参考的会计分录为：

借：应付账款——融通综合服务公司
　　贷：银行存款——工商银行

（3）为了简化运算，生产计划部电费计入制造费用，并在两个生产车间平均分配。

三十八、MJL1 购买设备（制造企业）

（一）业务描述

企业根据中长期生产计划及资金状况，确定购买新设备来扩大产能。由生产计划部提出设备需求计划，采购员发起设备购买流程，从服务公司处采购所需的机器设备。

（二）业务流程

业务流程如图 6-38 所示。

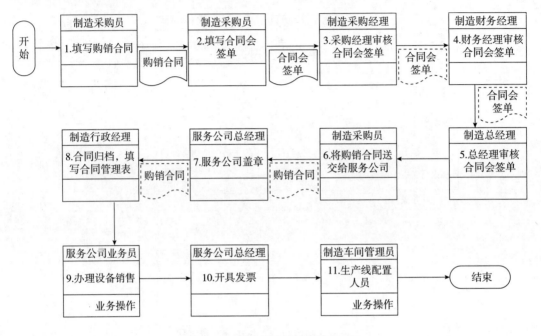

图 6-38　制造企业购买设备流程

（三）注意事项

（1）在业务流程第九步中，服务公司业务员根据购销合同，在 VBSE 系统平台业务操作中选择公司，输入相应设备购买数量，完成设备销售业务。

（2）在业务流程第十一步中，制造企业车间管理员在 VBSE 系统平台业务操作中对新购入设备完成生产线人员配置业务，否则新购入设备处于未配置状态，无法使用。

（3）新采购的生产设备安装周期为一个虚拟日，在下个虚拟日才可以使用。

三十九、MJL2 支付设备购买款（制造企业）

（一）业务描述

在收到服务公司开出的设备发票后，制造企业需要签发转账支票向服务公司支付设备购买款，并进行财务记账。

（二）业务流程

业务流程如图 6-39 所示。

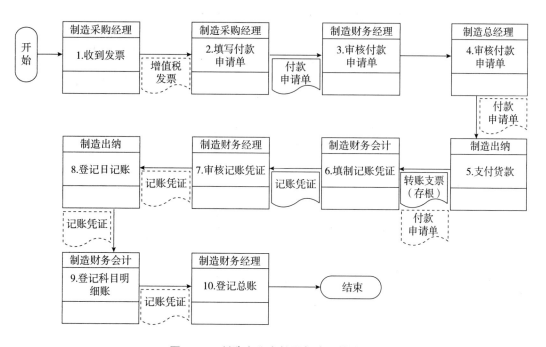

图 6-39　制造企业支付设备购买款流程

（三）注意事项

（1）在业务流程第五步中，制造企业出纳按照付款申请单金额开具转账支票，交给服务公司，由服务公司到银行办理转账回收设备销售款。

（2）财务会计依据转账支票存根和付款申请单填制记账凭证，其可参考的会计分录为：

借：固定资产

应交税费——应交增值税——进项税额

贷：银行存款——工商银行

四十、MJL3 回收设备销售款（服务公司）

（一）业务描述

服务公司业务员收到制造企业递交的转账支票，到银行办理回收设备销售款业务。

（二）业务流程

业务流程如图 6-40 所示。

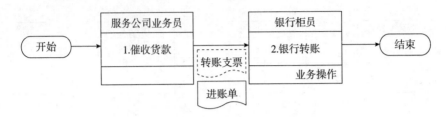

图 6-40　服务公司回收设备销售款流程

（三）注意事项

在业务流程第二步中，银行柜员根据服务公司业务员提供的转账支票和进账单，在 VBSE 系统平台业务操作中完成转账业务。

四十一、MCS1 出售设备（制造企业）

（一）业务描述

出售设备业务是指企业根据设备利用率情况或资金短缺状况而将部分生产设备进行出售。在本实训中，制造企业将生产设备出售给服务公司，并从服务公司收取设备销售款。

（二）业务流程

业务流程如图 6-41 所示。

（三）注意事项

（1）在业务流程第九步中，制造企业车间管理员根据购销合同，在 VBSE 系统平台业务操作中选择拟出售设备，完成人员离岗业务，否则设备无法销售。

（2）在业务流程第十步中，制造企业车间管理员在 VBSE 系统平台业务系统"出售生产线"操作中选择拟出售设备，完成设备销售业务。

（3）在业务流程第十一步中，服务公司业务员在 VBSE 系统平台业务操作中选择待回收设备，完成设备回收业务。

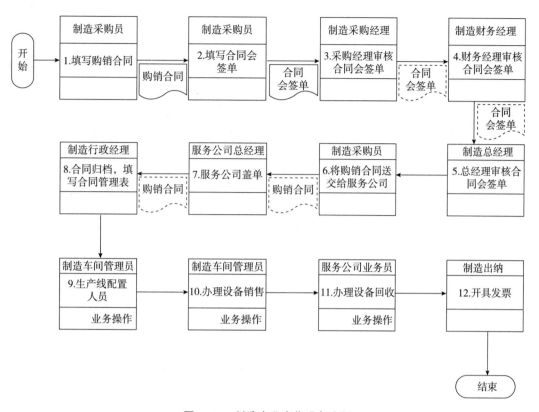

图 6-41　制造企业出售设备流程

四十二、MCS2 支付设备回购款（服务公司）

（一）业务描述

服务公司总经理依据设备销售方递送的发票填写转账支票，并及时把支票递送给设备销售方，支付回收设备的货款。

（二）业务流程

业务流程如图 6-42 所示。

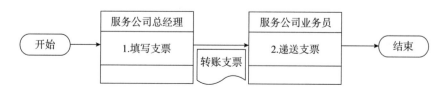

图 6-42　服务公司支付设备回购款流程

四十三、MCS3 回收设备销售款（制造企业）

（一）业务描述

制造企业采购员收到服务公司递交的转账支票，到银行办理回收设备销售款业务，并进行财务记账。

（二）业务流程

业务流程如图 6-43 所示。

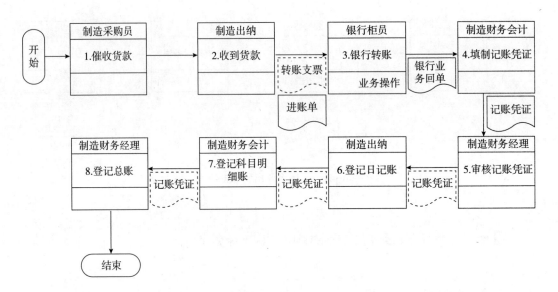

图 6-43　制造企业回收设备销售款流程

（三）注意事项

（1）在业务流程第三步中，银行柜员根据制造企业出纳提供的转账支票和进账单，在 VBSE 系统平台业务操作中完成转账业务。

（2）财务会计依据银行业务回单填制记账凭证，其可参考的会计分录为：

①借：固定资产清理
　　累计折旧
　　贷：固定资产

②借：银行存款
　　贷：固定资产清理
　　　　应交税费——应交增值税——销项税额

③借：营业外支出——处置固定资产净损失
　　贷：固定资产清理

四十四、MCF1 购买厂房（制造企业）

（一）业务描述

因业务规模扩大，企业需要增加厂房、仓库的数量、容量，此时企业可通过自建、租赁、购买等方式满足需求。在实训中，服务公司作为房产供应商为企业提供仓库、厂房，企业通过与服务公司洽谈、合作，获得相应资产的所有权。

（二）业务流程

业务流程如图 6-44 所示。

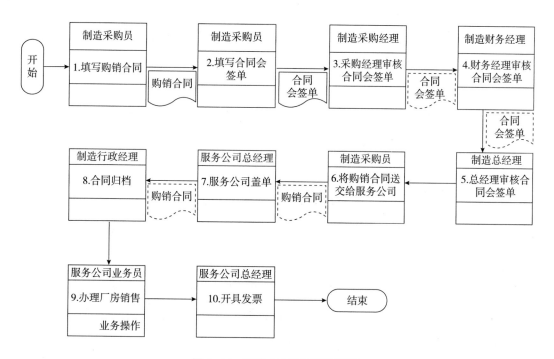

图 6-44　制造企业购买厂房流程

（三）注意事项

（1）在业务流程第九步中，服务公司业务员根据购销合同，在 VBSE 系统平台业务操作中选择相应公司，输入购买数量，完成厂房购买业务。

（2）新购置的厂房可立刻使用，无须等待下个虚拟日。

四十五、MCF2 支付购买厂房款（制造企业）

(一) 业务描述

在收到服务公司开出的增值税专用发票后，制造企业需要签发转账支票向服务公司支付厂房购买款。

(二) 业务流程

业务流程如图 6-45 所示。

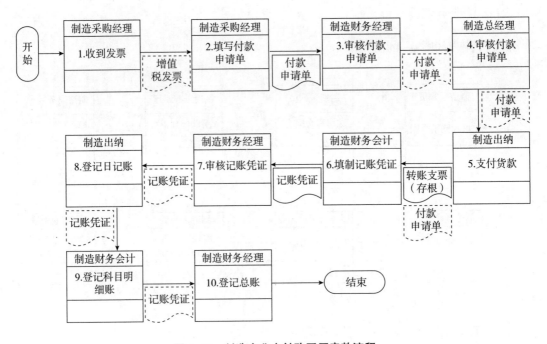

图 6-45　制造企业支付购买厂房款流程

(三) 注意事项

(1) 在业务流程第五步中，制造企业出纳按照付款申请单金额开具转账支票交给服务公司，由服务公司到银行办理转账回收厂房销售款。

(2) 财务会计依据转账支票存根和付款申请单填制记账凭证，其可参考的会计分录为：

借：固定资产
　　　应交税费——应交增值税——进项税额
　　贷：银行存款——工商银行

四十六、MCF3 回收厂房销售款（服务公司）

（一）业务描述

服务公司业务员收到制造企业递交的转账支票，到银行办理回收厂房销售款业务。

（二）业务流程

业务流程如图 6-46 所示。

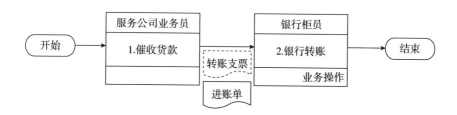

图 6-46　服务公司回收厂房销售款流程

（三）注意事项

在业务流程第二步中，银行柜员根据服务公司业务员提供的转账支票和进账单，在 VBSE 系统平台业务操作中完成转账业务。

四十七、MCK1 购买仓库（制造企业）

（一）业务描述

按生产需求，向服务公司购买仓库。

（二）业务流程

业务流程如图 6-47 所示。

（三）注意事项

（1）在业务流程第九步中，服务公司业务员根据购销合同，在 VBSE 系统平台业务操作中选择相应公司，输入销售数量，完成仓库销售业务。

（2）新购买的仓库可立刻使用，无须等待下个虚拟日。

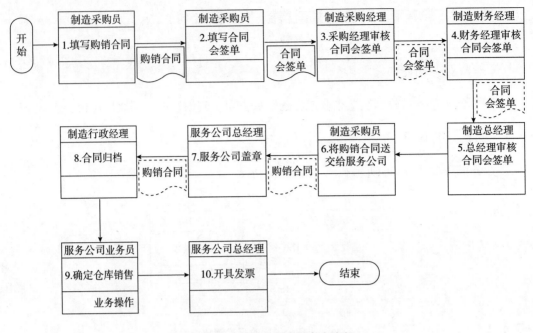

图 6-47　制造企业购买仓库流程

四十八、MCK2 支付购买仓库款（制造企业）

（一）业务描述

在收到服务公司开出的增值税专用发票后，制造企业需要签发转账支票向服务公司支付仓库购买款。

（二）业务流程

业务流程如图 6-48 所示。

（三）注意事项

（1）在业务流程第五步中，制造企业出纳按照付款申请单金额开具转账支票交给服务公司，由服务公司到银行办理转账回收仓库销售款。

（2）财务会计依据转账支票存根和付款申请单填制记账凭证，其可参考的会计分录为：

借：固定资产
　　　应交税费——应交增值税——进项税额
　　贷：银行存款——工商银行

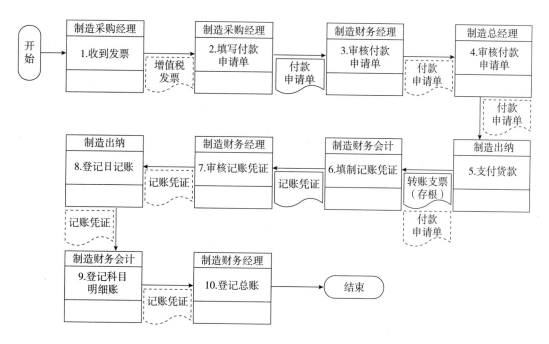

图 6-48　制造企业支付购买仓库款流程

四十九、MCK3 回收仓库销售款（服务公司）

（一）业务描述

服务公司业务员收到制造企业递交的转账支票，到银行办理回收仓库销售款业务。

（二）业务流程

业务流程如图 6-49 所示。

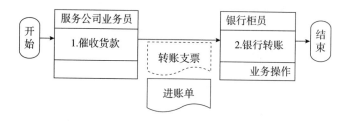

图 6-49　服务公司回收仓库销售款流程

（三）注意事项

在业务流程第二步中，银行柜员根据服务公司业务员提供的转账支票和进账单，在 VBSE 系统平台业务操作中完成转账业务。

第二节　工贸企业与政务、服务组织

一、zj90062 市场监督管理检查（市监局）

市场监督管理局根据《市场监督管理暂行规定》进入企业进行检查，记录结果，具体业务流程参考本章第一节 zj90062 市场监督管理检查（市监局）。

二、zj90065 商标制作及注册（工贸企业）

工贸企业行政经理制作本企业的商标标识，制作完成后提交市场监督管理部门审核、公示并备案，具体业务流程参考本章第一节的 zj90063 商标制作及注册（制造企业）。

三、zj90070 企业年度报告公示（工贸企业）

每年年初，行政经理在系统中提交本企业年报数据（即上一年经营数据），由市场监督管理局审核、公示，具体业务流程参考本章第一节的 zj90068 企业年度报告公示（制造企业）。

四、TSB1 签订社保公积金同城委托收款协议（工贸企业）

（一）业务描述

为保证社保公积金能够顺利地扣划至社保公积金账户，人力资源和社会保障局、企业和银行签订社保公积金委托银行代收合同书三方协议，授权银行从企业账户中划扣社保公积金。在本业务中，财务经理与银行签订社保公积金委托银行代收合同书，委托银行代理扣缴本企业"五险一金"。

（二）业务流程

业务流程如图 6-50 所示。

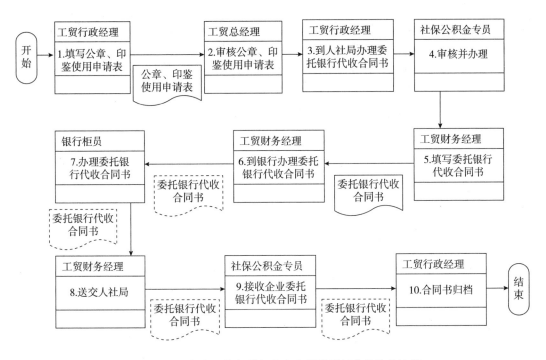

图 6-50　工贸企业签订社保公积金同城委托收款协议流程

五、zj90092 下达社保稽核通知书（人社局）

人力资源和社会保障局填写社保稽核通知书，下发至企业，具体业务流程参考本章第一节的 zj90092 下达社保稽核通知书（人社局）。

六、zj90093 社保稽核（人社局）

人力资源和社会保障局根据制定的社会保障制度对企业进行社保稽核，对于不存在问题的企业出具社会保险稽核报告；对于存在问题的企业下达稽核整改意见书，具体业务流程参考本章第一节的 zj90093 社保稽核（人社局）。

七、zj90094 行政处罚（人社局）

人力资源和社会保障局根据《稽核整改意见书》检查企业整改情况，具体业务流程参考本章第一节的 zj90094 行政处罚（人社局）。

八、TWX1 扣缴"五险一金"（工贸企业）

工贸企业每月月初缴纳上月"五险一金"，采用同城委托收款方式，由银行将应缴纳的"五险一金"划到人力资源和社会保障局专用账户，具体业务流程及会计分录可参考本章第一节的 MWX1 扣缴"五险一金"（制造企业）业务。

九、TSS1 签订税务同城委托收款协议（工贸企业）

（一）业务描述

为保证企业申报的税款能够顺利地扣划至国库，税务机关要求企业提供一家开户银行信息，并和企业、银行签订授权划缴税款协议书三方协议，授权银行从企业账户中划扣税款。在本业务中，财务经理与银行签订授权划缴税款协议书，委托银行代理扣缴本企业税款。

（二）业务流程

业务流程如图 6-51 所示。

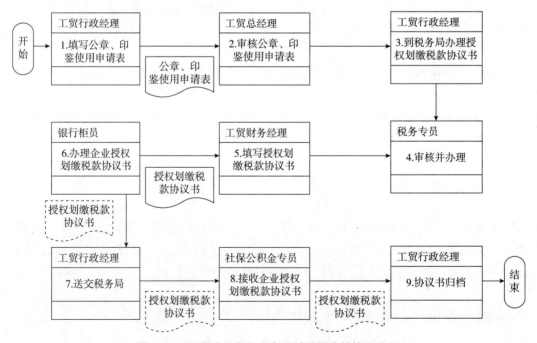

图 6-51   工贸企业签订税务同城委托收款协议流程

十、zj90053 税务稽查（税务局）

税务稽查是税收征收管理工作的重要步骤和环节，是税务机关代表国家依法对纳税人的纳税情况进行检查监督的一种形式，具体业务流程参考本章第一节的 zj90053 税务稽查（税务局）。

十一、TFP1 申领增值税发票（工贸企业）

根据需要，申请人携带营业执照副本与经办人身份证向税务机关申请领用增值税专用发票，具体业务流程参考本章第一节的 MFP1 申领增值税发票（制造企业）。

十二、TGS1 申报个人所得税（工贸企业）

（一）业务描述

个人所得税采用代扣代缴的方式，即负有扣缴税款义务的单位或个人，在向个人支付应纳税所得时，应计算应纳税额，从其所得中扣除并缴入国库，同时向税务机关报送扣缴个人所得税报告表。每月月初，行政经理填写《个人所得税基础信息》提交税务机关审核，财务经理填写"扣缴个人所得税报告表"完成网上申报和扣缴。

（二）业务流程

业务流程如图 6-52 所示。

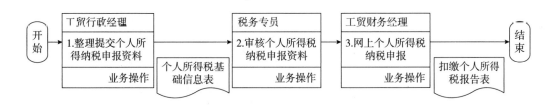

图 6-52　工贸企业申报个人所得税流程

（三）注意事项

（1）在业务流程第一步中，行政经理依据员工信息表，在 VBSE 系统平台业务操作中下载模板，填写"个人所得税基础信息"，并提交税务机关审核。

（2）在业务流程第二步中，税务专员在 VBSE 系统平台业务操作中审核企业提交的"个人所得税基础信息"。

（3）在业务流程第三步中，财务会计依据员工信息表和工资表，在 VBSE 系统平台业务操作中下载模板，填写"扣缴个人所得税报告表"，完成个人所得税扣缴。

（4）填写"个人所得税基础信息"和"扣缴个人所得税报告表"时，两个表格中员工信息必须一致。

十三、TGS2 缴纳个人所得税（工贸企业）

（一）业务描述

工贸企业总经理查询本企业银行流水，确认个人所得税扣款成功后，到银行领取缴税证明；财务经理填写记账凭证，并完成相关明细账和总账登记。

（二）业务流程

业务流程如图 6-53 所示。

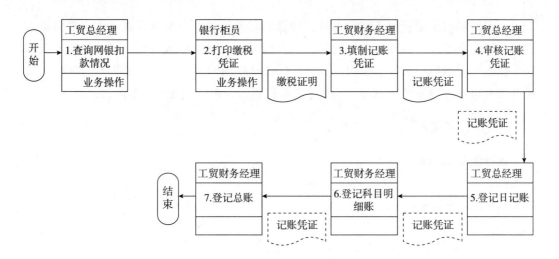

图 6-53　工贸企业缴纳个人所得税流程

（三）注意事项

（1）在业务流程第一步中，工贸总经理在 VBSE 系统平台业务操作中查询本企业银行流水，确认个人所得税扣款成功。

（2）在业务流程第二步中，银行柜员在 VBSE 系统平台业务操作中打印缴税凭证。

（3）财务经理根据缴税证明填制记账凭证，其可参考的会计分录为：

```
借：应交税费——个人所得税
    贷：银行存款——工商银行
```

十四、TZZ1 申报企业增值税（工贸企业）

每月月初，财务经理申报上月企业增值税，具体业务流程参考本章第一节的 MZZ1 申报企业增值税（制造企业）业务。

十五、TZZ2 缴纳企业增值税（工贸企业）

财务经理确认申报状态为"审核通过"后提交扣款，具体业务流程及会计分录可参考本章第一节的 MZZ2 缴纳企业增值税（制造企业）业务。

十六、TZZ3 认证增值税抵扣联（工贸企业）

每月月末，财务经理需要将公司的增值税抵扣联收集后，向税务部门进行增值税进项税额抵扣认证，具体业务流程参考本章第一节的 MZZ3 认证增值税抵扣联（制造企业）业务。

十七、TGZ1 签订代发工资协议（工贸企业）

（一）业务描述

行政经理与银行签订工资代发协议由银行按照双方约定的时间统一发放工资给企业的各个员工。

（二）业务流程

业务流程如图 6-54 所示。

十八、TKK1 批量办理个人银行卡（工贸企业）

行政经理根据企业员工信息，填写"借记卡集体申领登记表"，到银行办理发放工资的银行卡，具体业务流程参考本章第一节的 MKK1 批量办理个人银行卡（制造企业）。

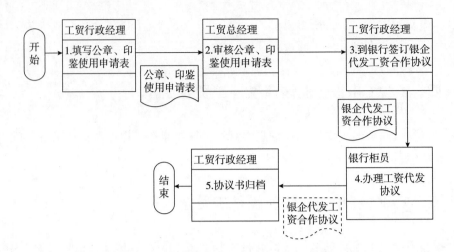

图 6-54　工贸企业签订代发工资协议流程

十九、TXC2 发放薪酬（工贸企业）

（一）业务描述

每月月初财务部门将实发工资（扣除个人承担的社会保险费、住房公积金和个人所得税）通过银行转账发放到个人工资卡中。

（二）业务流程

业务流程如图 6-55 所示。

（三）注意事项

注意事项参考本章第一节的 MXC2 发放薪酬（制造企业）业务。

二十、TZP1 购买支票（工贸企业）

在实训系统中，购买支票采用现金支付的方式进行，具体业务流程及会计分录参考本章第一节的 MZP1 购买支票（制造企业）。

二十一、TDK1 申请抵押贷款（工贸企业）

当企业发展缺乏资金时，可以通过抵押仓库等不动产向银行申请贷款，具体业务流程参考本章第一节的 MDK1 申请抵押贷款（制造企业）。

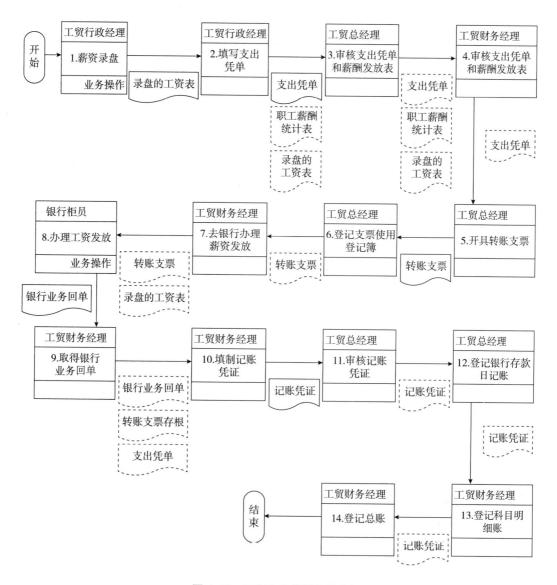

图6-55 工贸企业薪酬发放流程

二十二、TDK2 签订抵押贷款合同并放款（工贸企业）

工贸企业与银行签订抵押贷款合同，银行完成放款操作，具体业务流程及会计分录参考本章第一节的 MDK2 签订抵押贷款合同并放款（制造企业）。

二十三、TDK3 贷款还款（工贸企业）

工贸企业按照贷款合同约定定期向银行支付贷款利息并按期归还本金，具体业务流程及会计分录参考本章第一节的 MDK3 贷款还款（制造企业）。

二十四、TCK1 购买仓库（工贸企业）

按仓库占用情况，企业可向服务公司购买仓库，具体业务流程参考本章第一节的 MCK1 购买仓库（制造企业）。

二十五、TCK2 支付购买仓库款（工贸企业）

在收到服务公司开出的增值税专用发票后，工贸企业签发转账支票向服务公司支付仓库购买款，具体业务流程及会计分录参考本章第一节的 MCK2 支付购买仓库款（制造企业）。

第三节　商贸企业与政务、服务组织

一、zj90062 市场监督管理检查（市监局）

市场监督管理局根据《市场监督管理暂行规定》进入企业进行检查，记录结果，具体业务流程参考本章第一节的 zj90062 市场监督管理检查（市监局）。

二、zj90064 商标制作及注册（经销商）

商贸企业行政经理制作本企业的商标标识，制作完成后提交市场监督管理部门审核、公示并备案，具体业务流程参考本章第一节的 zj90063 商标制作及注册（制造企业）。

三、zj90069 企业年度报告公示（经销商）

每年年初，行政经理在系统中提交本企业年报数据（即上一年经营数据），由市场

监督管理局审核、公示，具体业务流程参考本章第一节的 zj90068 企业年度报告公示
（制造企业）。

四、DSB1 签订社保公积金同城委托收款协议（经销商）

财务经理与银行签订社保公积金委托银行代收合同书，委托银行代理扣缴本企业
"五险一金"，具体业务流程参考本章第二节的 TSB1 签订社保公积金同城委托收款协议
（工贸企业）。

五、zj90092 下达社保稽核通知书（人社局）

人力资源和社会保障局填写社保稽核通知书，下发至企业，具体业务流程参考本
章第一节的 zj90092 下达社保稽核通知书（人社局）。

六、zj90093 社保稽核（人社局）

人力资源和社会保障局根据制定的社会保障制度对企业进行社保稽核，对于不存
在问题的企业出具社会保险稽核报告；对于存在问题的企业下达稽核整改意见书，具
体业务流程参考本章第一节的 zj90093 社保稽核（人社局）。

七、zj90094 行政处罚（人社局）

人力资源和社会保障局根据《稽核整改意见书》检查企业整改情况，具体业务流
程参考本章第一节的 zj90094 行政处罚（人社局）。

八、DWX1 扣缴五险一金（经销商）

企业每月月初缴纳上月五险一金，采用同城委托收款方式，由银行将应缴纳的五
险一金划到人力资源和社会保障局专用账户，具体业务流程及会计分录参考本章第一
节的 DWX1 认证增值税抵扣联（制造企业）业务。

九、DSS1 签订税务同城委托收款协议（经销商）

财务经理与银行签订授权划缴税款协议书，委托银行代理扣缴本企业税款，具体
业务流程参考本章第二节的 TSS1 签订税务同城委托收款协议（工贸企业）。

十、zj90053 税务稽查（税务局）

税务稽查是税收征收管理工作的重要步骤和环节，是税务机关代表国家依法对纳税人的纳税情况进行检查监督的一种形式，具体业务流程参考本章第一节的 zj90053 税务稽查（税务局）。

十一、DFP1 申领增值税发票（经销商）

根据需要，申请人携带营业执照副本与经办人身份证向税务机关申请领用增值税专用发票，具体业务流程参考本章第一节的 MFP1 申领增值税发票（制造企业）。

十二、DGS1 申报个人所得税（经销商）

每月月初，财务经理依据行政经理提交的工资表和员工信息进行上月个人所得税的网上申报，具体业务流程参考本章第二节的 TGS1 申报个人所得税（工贸企业）业务。

十三、DGS2 缴纳个人所得税（经销商）

查询本企业银行流水，确认个人所得税扣款成功后，从银行取得缴税凭证，财务部据此进行账务处理，具体业务流程及会计分录参考本章第二节的 TGS2 缴纳个人所得税（工贸企业）业务。

十四、DZZ1 申报企业增值税（经销商）

每月月初，财务经理申报上月企业增值税，具体业务流程参考本章第一节的 MZZ1 申报企业增值税（制造企业）业务。

十五、DZZ2 缴纳企业增值税（经销商）

财务经理确认申报状态为"审核通过"后提交扣款，具体业务流程及会计分录参考本章第一节的 MZZ2 缴纳企业增值税（制造企业）业务。

十六、DZZ3 认证增值税抵扣联（经销商）

每月月末，财务经理需将公司的增值税抵扣联收集后，向税务部门进行增值税进项税额抵扣认证，具体业务流程参考本章第一节的 MZZ3 认证增值税抵扣联（制造企业）业务。

十七、DYS1 与经销商签订运输合同（物流公司）

商贸企业从制造企业采购童车，必须委托物流公司运输。物流公司为规范商业活动，保护公司利益，与商贸企业签订物流运输合同，具体业务流程参考本章第一节的 MYS1 与制造业签订运输合同（物流公司）。

十八、DYS2 与物流公司签订运输合同（经销商）

商贸企业从制造企业采购童车，必须委托物流公司运输。商贸企业仓储部为规范商业活动，保护公司利益，与物流公司签订物流运输合同，具体业务流程参考本章第一节的 MYS2 与物流公司签订运输合同（制造企业）。

十九、DGZ1 签订代发工资协议（经销商）

行政经理与银行签订工资代发协议，由银行按照双方约定的时间统一发放工资给企业的各个员工，具体业务流程参考本章第二节的 TGZ1 签订代发工资协议（工贸企业）。

二十、DKK1 批量办理个人银行卡（经销商）

行政经理根据企业员工信息，填写"借记卡集体申领登记表"，到银行办理发放工资的银行卡，具体业务流程参考本章第一节的 MKK1 批量办理个人银行卡（制造企业）。

二十一、DXC2 发放薪酬（经销商）

每月月初，财务部门将实发工资（扣除个人承担的社会保险费、住房公积金和个人所得税）通过银行转账发放到个人工资卡中，具体业务流程及会计分录参考本章第二节的 TXC2 发放薪酬（工贸企业）业务。

二十二、DZP1 购买支票（经销商）

在实训系统中，购买支票采用现金支付的方式进行，具体业务流程及会计分录参考本章第一节的 MZP1 购买支票（制造企业）。

二十三、DDK1 申请抵押贷款（经销商）

当企业发展缺乏资金时，可以通过抵押仓库等不动产向银行申请贷款，具体业务流程参考本章第一节的 MDK1 申请抵押贷款（制造企业）。

二十四、DDK2 签订抵押贷款合同并放款（经销商）

商贸企业与银行签订抵押贷款合同，企业完成放款操作，具体业务流程及会计分录参考本章第一节的 MDK2 签订抵押贷款合同并放款（制造企业）。

二十五、DDK3 贷款还款（经销商）

商贸企业按照贷款合同约定定期向银行支付贷款利息并按期归还本金，具体业务流程及会计分录参考本章第一节的 MDK3 贷款还款（制造企业）。

二十六、DCK1 购买仓库（经销商）

根据仓库占用情况，企业可向服务公司购买仓库，具体业务流程参考本章第一节的 MCK1 购买仓库（制造企业）。

二十七、DCK2 支付购买仓库款（经销商）

在收到服务公司开出的增值税专用发票后，商贸企业签发转账支票向服务公司支付仓库购买款，具体业务流程及会计分录参考本章第一节的 MCK2 支付购买仓库款（制造企业）。

第七章
实训总结

"春种一粒粟，秋收万颗子。"实训总结是企业仿真实训课程的最后环节，也是实验实训教学的重要组成部分。通过实训课程学习，同学们已经对市场经济、企业管理、团队合作等有了更为深刻的感性认识与初步的理性思考。实训总结环节，就是要让同学们将自己的认知升级过程进行一个全面而系统的总结，在梳理与思考的过程中，分享收获、发现不足、检讨失误，进而坚定前进的方向。实训总结的过程，同样是一个教学相长的过程，有助于任课教师根据学生教学反馈，进一步丰富教学与实验实训形式、优化教学与实训方案。

第一节　实训内容资料整理

实训课程结束后，同学们要以团队为单位，进行实训内容资料的整理和提交。

一、企业概况

介绍企业的基本情况，主要包括单位名称、单位性质、注册资本、人员配备、技术装备水平等。重点介绍企业发展状况，主要包含企业发展规模、主要客户来源地区、现有客户群体状况、企业发展速度、市场地位、荣誉称号等。详细介绍企业的业务进展与组织文化，主要包括购销业务开展状况、现有产品状况、企业标志的人文内涵、企业的社会责任与经营理念、企业的发展目标与愿景等。

二、企业策划书

企业策划书是一个企业为了更好地实现未来目标所做的自我策划，包括企业对自身在发展过程中可能遇到各种风险的预测，以及其应对这些风险所设定的各种预案。企业策划书重点在于团队阐释基于市场预测和自身实力，对于企业资源、产品规划及市场目标的整体发展规划，并对市场环境、客户心理、产品优势、营销方案和平台选择等进行的详细分析。

三、单据报表

各企业和组织按照岗位和部门整理所有填写的纸质单据，并分类装订。其中，会计资料的装订需按照会计法规定，符合国家统一的会计制度。会计凭证按照业务发生的时间整理装订；总账、日记账、明细账等会计账簿以及资产负债表和利润表等报表分类装订。

四、工作日志

在实训中，同学们需要每日书写提纲性的工作日志，记录每天的实践内容、心得收获。在发现自身优势、记录个人成长的同时，更为重要的是反思自己在实训中的失误、发现自己的知识"短板"，以便今后能更高质量地完成实训任务，并为更加长远的职业与人生规划做经验积累。

五、晨夕会记录

晨夕会是指每个工作日上班前和下班后 10 分钟总经理召集所有员工召开的公司例会，由行政助理负责整理记录大家发言的主要内容，并形成会议纪要。晨夕会有助于营造和谐、民主的团队协作氛围，有助于团队成员达成基本的认知共识、统一团队思想，有助于增强团队凝聚力，提高工作效率。

六、企业海报

实训前期，团队组建完成后，要求各企业手工制作企业宣传海报，用于宣传企业的经营理念、品牌形象等，并在整个实训过程中张贴于企业的宣传栏处。

第二节 总结汇报

一、汇报目的

VBSE 实训通过让学生在不同市场主体中扮演不同的职业角色，锻炼他们在现代商业社会环境中从事经营管理所需的综合执行能力、综合决策能力和创新创业能力，感悟复杂市场环境下的企业经营，学会工作、学会思考，从而培养自身的全局意识和综合职业素养。实训的过程既是理论联系实际的过程，也是应用、巩固和创新所学专业知识的过程。通过实训，学生能够了解经济生活中某一具体业务岗位的工作职责和要求，能够按照市场规则的要求填报与完成业务流程相关的单据和表格，能够结合实训内容理解企业发展策略和相应的管理学理论，帮助其打下坚实的职业能力基础。

由于在实训过程中学生是主要参与者，教师更多的是指导者和观察者。如何检验学生的参与程度及实训效果，总结汇报就是较好的途径之一。通过总结汇报，可给学生提供一个展示和分享实训体会、感受、经验、教训的平台，有助于激发学生之间更多的观点碰撞，使实训效果再上一个台阶。

教师可在实训结束前，布置学生以团队为单位准备总结汇报。在课程安排上，要为实训汇报预留充足的时间，以保证汇报的效果。

二、汇报主题

汇报内容主要围绕四个主题开展：

第一，阐释企业发展策略。主要介绍企业的发展战略、经营策略、团建方式、员工培养方式等。

第二，分享认知升级心得。主要介绍团队成员在实训过程中的收获、体会和经验教训。

第三，发现自我，展望未来。主要介绍团队成员在业务操作与团队协作中对自我的再认知，发现自己的优势、确认今后的努力方向。

第四，对实训提出建议。对实训的课程设计，软硬件的系统优化、绩效考核体系的改进等提出意见与建议。

三、汇报形式

实训汇报以团队为单位进行，每个团队限定 10~15 分钟时间，可安排 1~2 名学生担任主持人。

汇报的形式可以多样化，具体由团队内部自行商定。既可推荐代表发言，也可让所有团队成员自由发言。既可以使用 PPT 汇报，也可采用即兴演讲、小品、视频等形式进行。实训汇报的准备过程不占用课程教学时间，这一过程为学生提供了一个充分发挥自身特长、展现个人风貌、锻炼语言表达能力、提高应变能力的平台，也是对学生团队合作能力的促进和提升。

每个团队汇报完毕后，教师应结合汇报情况及平时实训过程中的观察总结，对团队及成员的表现给予点评。

第三节　撰写实训报告

实训报告，是包含实训目的、实训环境、实训原理、实训过程、实训结果、实训总结等方面内容的书面汇报材料，具有保留资料的作用。实训报告的撰写是一项重要的基本技能训练，它不仅是对实训的总结，更重要的是可以初步地培养和训练学生的逻辑归纳能力、综合分析能力和文字表达能力，是科学论文写作的基础。因此，参加实训的每位学生，均应及时、认真地书写实训报告。要求做到内容实事求是，分析全面具体，文字简练通顺，誊写清楚、整洁。

实训报告可参考的格式见第八章实训单据。

支票登记簿

编制日期：　　　年　　月

日期	支票号码	用途	收款单位	金额	部门	领用人

发票记录表

序号	日期	发票号	供应商名称	业务员	金额	交票人签字	收票人签字	备注
1								
2								
3								
4								
5								
6								
7								
8								
9								
10								
11								
12								

发票领用表

序号	日期	发票号	客户名称	用途	业务员	金额	领用人签字	备注
1								
2								
3								
4								
5								
6								
7								
8								
9								
10								
11								
12								

车架成本计算表

	项目	经济型童车车架	舒适型童车车架	豪华型童车车架
期初在产车架成本	直接材料			
	直接人工			
	制造费用			
本期发生生产费用	直接材料			
	直接人工			
	制造费用			
期末在产车架成本	直接材料			
	直接人工			
	制造费用			
本月完工车架成本	直接材料			
	直接人工			
	制造费用			
完工成本合计				
完工数量				
单位成本				

整车成本计算表

	项目	经济型童车	舒适型童车	豪华型童车
期初在产童车成本	直接材料			
	直接人工			
	制造费用			
本期发生生产费用	直接材料			
	直接人工			
	制造费用			
期末在产童车成本	直接材料			
	直接人工			
	制造费用			
本月完工童车成本	直接材料			
	直接人工			
	制造费用			
完工成本合计				
完工数量				
单位成本				

制造费用分配表

产品名称	待分配折旧费	待分配人工费	待分配电费	生产数量	折旧分配率	折旧费分配额	人工费分配率	人工费分配额	电费分配率	电费分配额	合计
经济型童车车架											
舒适型童车车架											
豪华型童车车架											
小计											
经济型童车											
舒适型童车											
豪华型童车											
小计											
合计											

销售成本结转表

存货名称：

日期	摘要	入库			出库			结存		
		数量	单价	金额	数量	单价	金额	数量	单价	金额
	合计									

固定资产折旧计算表

编制日期：　　　年　　月　　日

编号	名称	类别	数量	原值	残值	购入时间	预计使用年限	月折旧额	累计折旧

贷款申请书

＿＿＿＿＿＿银行：

　　本公司为扩大经营规模，开发新的项目，现向＿＿＿＿＿＿＿＿＿＿＿＿＿＿＿＿＿＿＿行申请资金贷款，人民币金额＿＿＿＿＿＿＿＿元整（小写：＿＿＿＿＿＿＿）期限＿＿＿＿年＿＿＿＿个月，望能给予支持。

　　货款抵押物为＿＿＿＿＿＿＿＿，评估价值为＿＿＿＿＿元整。

　　特此申请。

申请单位：＿＿＿＿＿＿＿

法人代表：＿＿＿＿＿＿＿

＿＿＿年＿＿月＿＿日

抵押贷款合同

贷款抵押人（甲方）：_____

法定代表人：_____ 职务：_____

地址：_____ 电话：_____

贷款抵押权人（乙方）：_____

法定代表人：_____ 职务：_____

地址：_____ 电话：_____

甲方因业务需要，向乙方申请贷款。双方经协商一致同意，在甲方以其所有的_____（以下简称抵押物），作为贷款抵押物抵押给乙方的条件下，由乙方提供双方商定的贷款额给甲方。在贷款期限内，甲方拥有抵押物的使用权，在甲方还清贷款本息前，乙方拥有抵押物的所有权。为此，特订立本合同：

第一条　贷款内容

1. 贷款总金额：_____元整。

2. 贷款用途：本贷款只能用于_____的需要，不得挪作他用，更不得使用贷款进行违法活动。

3. 贷款期限：

贷款期限为：___个月，即自___年___月___日起，至___年___月___日止。

4. 贷款利率：本贷款利率及计息方法，按照中国_____银行的规定执行，月利率_____。

5. 贷款的支取：贷款一次提取。

6. 贷款的偿还甲方保证在合同规定的贷款期限内一次还本付息。甲方归还本贷款的资金来源为本公司生产、经营及其他收入。如甲方要求用其他来源归还贷款，须经乙方同意。

贷款最后还款日为_____年___月___日。

7. 本合同在乙方同意甲方延期还款的情况下继续有效。

第二条　抵押物事项

1. 抵押物名称：_____

2. 件数：_____

3. 置放地点：_____

4. 抵押物发票总金额：_____

5. 抵押期限：_____年___个月（或为：自本贷款合同生效之日起至甲方还清乙方与本合同有关的全部贷款本息为止）。

第三条　甲乙双方的义务

（一）乙方的义务：

1. 对甲方交来抵押物契据证件要妥善保管，不得遗失、损毁。

2. 在甲方到期还清贷款后，将抵押物的全部契据、证件完整交给甲方。

（二）甲方的义务：

1. 应严格按照合同规定时间主动还本付息。

2. 保证在抵押期间抵押物不受甲方破产、资产分割、转让的影响。如乙方发现甲方抵押物有违反本条款的情节，乙方通知甲方当即改正或可终止本合同贷款，并追偿已贷出的全部贷款本息。

3. 甲方应合理使用作为抵押物的＿＿＿＿＿＿，并负责抵押物的经营、维修、保养及有关税负等费用。

4. 甲方因故意或过失造成抵押物毁损，应在 15 天内向乙方提供新的抵押物，若甲方无法提供新的抵押物或担保时，乙方有权相应减少贷款额度，或解除本合同，追偿已贷出的贷款本息。

5. 甲方未经乙方同意不得将抵押物出租、出售、转让、再抵押或以其他方式处分。

6. 抵押物由甲方向中国人民保险公司分公司投保，以乙方为保险受益人，并将保险单交乙方保管，保险费由甲方承担。投保的抵押物由于不可抗力遭受损失，乙方有权从保险公司的赔偿金中收回抵押人应当偿还的贷款本息。

第四条 违约责任

1. 乙方如因本身责任不按合同规定支付贷款，给甲方造成经济上的损失，乙方应负违约责任。

2. 甲方如未按贷款合同规定使用贷款，一经发现，乙方有权提前收回部分或全部贷款，并对挪用贷款部分在原贷款利率的基础上加收＿＿＿＿＿%的罚息。

3. 甲方如不按期付息还本，或有其他违约行为，乙方有权停止贷款，并要求甲方提前归还已贷的本息。乙方有权从甲方在任何银行开立的账户内扣收，并从过期之日起，对逾期贷款部分按借款利率加收＿＿＿＿＿%的利息。

4. 甲方如不按期付息还本，乙方亦可向有管辖权的人民法院申请拍卖抵押物，用于抵偿贷款本息，若有不足抵偿部分，乙方仍有权向甲方追偿。直至甲方还清乙方全部贷款本息为止。

第五条 其他规定

1. 发生下列情况之一时，乙方有权停止发放贷款并立即或即期收回已经发放的贷款。

（1）甲方向乙方提供情况、报表和各项资料不真实。

（2）甲方与第三者发生诉讼，经法院裁决败诉，偿付赔偿金后，无力向乙方偿付贷款本息。

（3）甲方的资产总额不足抵偿其负债总额。

（4）甲方的保证人违反或失去合同书中规定的条件。

2. 乙方有权检查、监督贷款的使用情况，甲方应向乙方提供有关报表和资料。

3. 甲方或乙方任何一方要求变更合同或本合同中的某一项条款，须在事前以书面形式通知对方，在双方达成协议前，本合同中的各项条款仍然有效。

4. 甲方提供的借款申请书、借款凭证、用款和还款计划及与合同有关的其他书面材料，均作为本合同的组成部分，与本合同具有同等法律效力。

第六条 有关本合同的费用承担：有关抵押的估计、登记、证明等一切费用均由甲方负责。

第七条 本合同生效条件（登记生效）。

第八条 争议的解决：本合同在履行中如发生争议，双方应协商解决，协商不成时，双方同意由苏州市仲裁委员会仲裁（当事人双方不在本合同中约定仲裁机构，事后又没有达成仲裁协议的，可向人民法院起诉）。

本合同一式三份，甲、乙双方各执一份，公证处留存一份。

甲方：＿＿＿＿＿＿＿＿＿＿＿＿（章）　　乙方：＿＿＿＿＿＿＿＿＿＿＿（章）

法定代表人签字：＿＿＿＿＿＿　　　　　法定代表人签字：＿＿＿＿＿＿＿

合同签订时间：＿＿＿＿年＿月＿日　　　合同签订时间：＿＿＿＿年＿月＿日

资产负债表

编制单位：　　　　　　　　编制日期：　　　年　月　日　　　　　　　　单位：元

资产	期末余额	初期余额	负债和所有者权益 （或股东权益）	期末余额	初期余额
流动资产：			流动负债：		
货币资金			短期借款		
交易性金融资产			交易性金融负债		
应收票据			应付票据		
应收账款			应付账款		
预付账款			预收款项		
应收利息			应付职工薪酬		
应收股利			应交税费		
其他应收款			应付利息		
存货			应付股利		
一年内到期的非流动资产			其他应付款		
其他流动资产			一年内到期的非流动负债		
流动资产合计			其他流动负债		
非流动资产：			流动负债合计		
可供出售金融资产			非流动负债：		
持有至到期投资			长期借款		
长期应收款			应付债款		
长期股权投资			长期应付款		
投资性房地产			专项应付款		
固定资产			预计负债		
在建工程			递延所得税负债		
工程物资			其他非流动负债		
固定资产清理			非流动负债合计		
生产性生物资产			负债合计		
油气资产			所有者权益（或股东权益）：		
无形资产			实收资本（或股本）		
开发支出			资本公积		
商誉			减：库存股		
长期待摊费用			盈余公积		
递延所得税资产			未分配利润		
其他非流动资产			所有者权益合计		
非流动资产合计					
资产总计			负债和所有者权益总计		

公司负责人：　　　　　　　　财务负责人：　　　　　　　　编制人：

利润表

编制单位：　　　　　　　编制日期：　　年　月　日　　　　　　　　单位：元

项目	本期金额	上期金额
一、营业收入		
减：营业成本		
营业税金及附加		
销售费用		
管理费用		
财务费用		
资产减值损失		
加：公允价值变动收益（损失以"–"号填列）		
投资收益（损失以"–"号填列）		
其中：对联营企业和合营企业的投资收益		
二、营业利润（损失以"–"号填列）		
加：营业外收入		
减：营业外支出		
其中：非流动资产处置损失		
三、利润总额（损失以"–"号填列）		
减：所得税费用		
四、净利润（损失以"–"号填列）		
五、每股收益		
（一）基本每股收益		
（二）稀释每股		

公司负责人：　　　　　　　　财务负责人：　　　　　　　　编制人：

固定资产卡片

卡片编号 _____ 日期 _____

固定资产编号 _____ 固定资产名称 _____

类别编号 _____ 类别名称 _____

规格型号 _____ 使用部门 _____

增加方式 _____ 存放地点 _____

使用状态 _____ 预计使用年限 _____

折旧方法 _____ 开始使用日期 _____

原值 _____ 净残值 _____

累计折旧 _____ 净值 _____

折旧费用类别 _____ 已计提月份 _____

保管人 _____

附属设备

资产变动历史

日期	变动事项	变动原因	变动说明

变动事项主要包括资产大修理、资产转移、原值变动、资产减少等类型。

借 款 单

部门：　　　　　　　　　年　　月　　日

借款用途_____

借款金额

人民币（大写）_____ ￥ _____

□现金　　　　　□支票　　　　　□电汇

财务部经理：　　总经理：　　部门经理：　　借款人：

公章印鉴资质证照使用申请表

编号：

部门		经办人		申请使用时间	
使用缘由					
章、证类别 （原/复印件）		盖章/证照 复印件份数		归还时间	
部门审核					
总经理审核					

填表说明：
1. 本表由经办人填写
2. 审核由经办人直接上级负责审核

公章印鉴使用登记表

申请表 编号	使用人	部门	文件名称	文件主要内容	盖章 时间	公章 类别	盖章 次数	备注

编制人：　　　　　　　　　　　　　　　　　　　　编制日期：

ISO 9000 质量管理体系认证申请表

表格编号：

受审核方 基本信息	组织名称				
	地址				
	管理者代表		电话		
	组织性质		行业类型/社会统一信用代码		
	联系人		部门		
	电话		传真		
	邮编		E-mail		
	员工人数		厂区面积（平方米）		
	总投资（万元）		环保投资（万元）		
	主要产品名称、用途、总产量				
	申请认证范围				
	希望何时开始审核				
	是否有多个认证地点		□是　　□否		

声明：本人郑重声明，对于以上所填内容全部认可，并保证所提供的申报资料是真实可靠的。

受审核方代表：　　　　　　　　　　　　　　　　　　　　　　　　　　　年　月　日

3C 认证申请书

□首次申请　　　　　　　　□再次申请

申请人：＿＿＿＿＿＿＿＿＿＿＿＿＿＿＿＿＿＿＿＿＿＿＿＿＿＿＿＿＿＿

生产厂：＿＿＿＿＿＿＿＿＿＿＿＿＿＿＿＿＿＿＿＿＿＿＿＿＿＿＿＿＿＿

申请日期：＿＿＿＿＿＿＿＿＿＿＿＿＿＿＿＿＿＿＿＿＿＿＿＿＿＿＿＿

中国质量认证中心

1. 申请人：＿＿＿＿＿＿＿＿＿＿＿＿＿＿＿＿＿＿＿＿＿＿＿＿＿＿＿

2. 申请人地址：＿＿＿＿＿＿＿＿＿＿＿＿＿＿＿＿＿＿＿＿＿＿＿＿

3. 联系人：＿＿＿＿＿＿＿＿＿＿＿＿＿＿＿＿＿＿＿＿＿＿＿＿＿＿＿

4. 联系电话：＿＿＿＿＿＿＿＿＿＿＿＿＿＿＿＿＿＿＿＿＿＿＿＿＿

5. 申请认证产品的 GB 标准号

5.1　安全标准：＿＿＿＿＿＿＿＿＿＿＿GB2943—2001＿＿＿＿＿＿＿＿＿

我们声明我们将遵守中国质量认证中心的认证规划和程序，支付认证所需的申请，试验，工厂审查及其他有关的费用；中国质量认证中心将不承担获得产品合格认证的制造厂或销售商应承担的任何法律责任。

授权人签章：＿＿＿＿＿＿＿＿＿＿＿＿＿＿＿＿＿＿＿

水电缴费表

缴费部门：＿＿＿＿＿＿＿＿＿＿

编号		日期		缴费时间	
户名		户号		缴费机构	
收费项目		使用量		单价（元）	金额（元）
水					
电					
合计人民币（大写）				总金额	￥

支出凭单

部门：＿＿＿＿＿＿＿　　　　　　　　年　月　日　预算科目：＿＿＿＿＿

即　付：＿＿＿＿＿＿＿＿＿＿＿＿＿＿＿＿＿＿＿＿＿＿＿＿款

人民币

（大写）：＿＿＿＿＿＿＿＿＿＿＿＿＿＿＿＿￥＿＿＿＿＿＿＿

领款人：＿＿＿＿＿＿＿　　　　　　会计主管：＿＿＿＿＿　出纳：＿＿＿＿＿

部门经理：＿＿＿＿＿　　　　财务经理：＿＿＿＿＿　　　　总经理：＿＿＿＿＿

开票申请单

日期：＿＿＿＿　　　　　　　　发票性质：□增值税普通发票 □增值税专用发票

购货单位全称			社会统一信用代码		
地址、联系电话			开户行及账号		
商品名称	规格型号	单位	数量	单价	金额
金额合计	（大写）				￥
回款情况	□ 已回款		回款日期：		财务确认：
	□ 未回款				
	回款单位				

领导审批：＿＿＿＿　　　　　　财务审批：＿＿＿＿　　　　　　审批人：＿＿＿＿

物料检验单

表格编号：   检验日期：   年   月   日

供应商名称			
检验依据		到货日期	
物料明细			
物料名称	规格型号		数量
检验方式：□抽检　　□全部检验		合格率	
检验结果：□合格　　□不 合 格		检验结果	
不良记录			
序号	数量	不良原因	备注

主管：   质检员：

合同会签单

单据编号：　　　　　　　　　　　　　　　　会签日期：　　　年　　月　　日

送签单位		签约人		承办人		电话	
合同名称				对方单位			
合同内容				合同金额		（大写）	
业务部门审批意见							
财务部门审批意见							
总经理审批意见							
争议解决	合同内包括了可预见性的争议解决方案，对于不可预见的争议，双方协商解决。						
归档情况	与合同一起归档，由行政助理归档保存。						

招聘计划表

招聘单位：

序号	用人部门	招聘岗位	计划人数	技术等级	招聘时间	预期到岗时间	招聘费用	备注

借记卡信息表

日期：

单位全称			
开户行及账号			
序号	姓名	身份证号码	银行卡号

借记卡集体申领登记

日期：

单位名称			单位地址	
负责人名称			联系电话	

本单位愿意集体申领登记卡，保证提供的下述资料真实可靠。

单位盖章：

序号	姓名	拼音	性别	证件名	证件号	联系地址	邮编	电话

签章：   日期：

中华人民共和国
税收通用缴款书

（　）京缴　　号

隶属关系：　　　　　　　　　　　　　　　　　　征收机关：

注册类型：　　　　　　　　　　　　　　　　　　填制日期：　　年　月　日

缴款单位	代　　码		预算科目	编码	
	全　　称			名称	
	开户银行			级次	
	账　　号		收缴国库		

税款所属日期：　　年　月　日　　　　　　　　　税款限缴日期：　　年　月　日

品目名称	课税数量	计税金额或销售收入	税率或单位税额	已缴或扣除数额	实缴金额

金额合计	（大写）人民币		
缴款单位（盖章） 经办人（章）	税务机关（盖章） 填报人（章）	上列款项已收妥并划转国库 （盖章） 　　年　月　日	备注：

票据领用登记表

序号	领用日期	票据名称	票据起号	票据止号	份数	领用人	销缴日期	作废号码	作废份数

中国工商银行进账单（收账通知）

年　月　日

付款人	全　称		收款人	全　称	
	账　号			账　号	
	开户银行			开户银行	

金额	人民币 （大写）	亿	千	百	十	万	千	百	十	元	角	分

票据种类		票据张数		
票据号码				
复核　　　　　　记账			收款人开户银行签章	

中国工商银行进账单（收账通知）

年　月　日

付款人	全　称		收款人	全　称	
	账　号			账　号	
	开户银行			开户银行	

金额	人民币 （大写）	亿	千	百	十	万	千	百	十	元	角	分

票据种类		票据张数		
票据号码				
复核　　　　　　记账			收款人开户银行签章	

中国工商银行进账单（收账通知）

年　月　日

付款人	全　称		收款人	全　称	
	账　号			账　号	
	开户银行			开户银行	

金额	人民币 （大写）	亿	千	百	十	万	千	百	十	元	角	分

票据种类		票据张数		
票据号码				
复核　　　　　　记账			收款人开户银行签章	

市场开拓申请

编号		日期	
申请单位		委托单位	
开拓区域	□北部　　□南部　　□西部	□东部　　□中部	
经办人		日期	
财务经理意见		日期	
总经理意见		日期	
备注		签章（公章）	

广告投放申请

编号		日期	
申请单位		委托单位	
开拓区域	□北部　　□南部　　□西部	□东部　　□中部	
投放金额		￥	
经办人		日期	
财务经理意见		日期	
总经理意见		日期	
备注		签章（公章）	

注：投放广告费时，需要先开拓对应的市场，否则广告费无法投放。

认证结果通知书

_____:

（社会统一信用代码：_____）

　　你单位于_____年____月报送的防伪税控系统开具的专用发票抵扣联共_____份（不含重复认证和未通过认证的发票份数），认证情况如下（所附清单略）：

认证结果	发票份数	金额	税额
认证相符			
过期认证			

请将认证相符的发票抵扣联与通知书装订成册，作为纳税检查的备查资料，认证详细情况请见本通知所附清单。

税务机关（签章）

年　　月　　日

合同管理表

合同类别：_____

合同/协议编号	合作单位	签约日期	截止日期	合同/协议主要内容	金额	份数/联次

付款申请单

申请部门		日期	
发票编号			
收款单位			
单位地址		付款方式	□转账支票
开户行			□网上银行
账号		已收发票	□是
用途			□否
金额（大写）		金额（小写）	￥
经办人签字		日期	
财务主管签字		日期	
总经理签字		日期	
备注			

_____ 税务局（稽查局）
税务稽查通知书

_____ :

　　根据《中华人民共和国税收征收管理法》第五十四条规定，决定派_____等人，自_____年___月___日起对你（单位）____年___月___日至____年___月___日___期间（如检查发现此期间意外明显的税收违法嫌疑或线索不受此限），涉税情况进行检查。届时请依法接受检查，如实反映情况，提供有关资料。

税务机关（签章）
年　月　日

　　告知：税务机关派出的人员进行税务检查时，应当出示税务检查证和税务检查通知书，并有责任为被检查人保守秘密；未出示税务检查证和税务检查通知书的，被检查人有权拒绝检查。

人力资源和社会保障局
社保稽核通知书
社险稽核通〔　　〕

_____

_____ ：根据《社会保险稽核办法》（劳动和社会保障部令第16号）的规定，决定于_____年_____月_____日对你单位有关社会保险方面实施稽核检查。请予协助配合，并提供相关资料。

稽核组组长：_____

稽核组成员：_____

　　特此通知。

年　月　日

送达人：　　　　　　　　　接受人：
　　　年　月　日　　　　　　年　月　日

（一式两份：一份由社会保险经办机构留存，一份交被稽核单位）

税务稽查报告

根据稽查工作计划，我稽查人员于 　　　年　　月　　日至　　　年　　月　　日对该单位　　　年　　月　　日的纳税情况进行检查，现将稽查结果报告如下：

一、基本情况

在稽查过程中，我们审核了该单位提供的会计报表、账簿、凭证及有关资料，稽查方法主要采用抽查法。

二、发现问题

（一）增值税及附加
（二）营业税及附加
（三）房产税
（四）土地使用税
（五）车船使用税
（六）印花税
（七）资源税
（八）企业所得税
（九）个人所得税
（十）发票违章

三、处理意见

附列资料

（一）《稽查工作底稿》	共 50 份 65 页，其中：
1. 账证票证证据	共 14 份 16 页
2. 当事人陈述、申辩	共 1 份 1 页
3. 其他证据材料（含原始工作底稿）	共 35 份 48 页，其中：
（1）营业执照（复印件）	1 份 1 页
（2）税务登记证（复印件）	1 份 1 页
（3）稽查底稿	5 份 5 页
（4）所得税征收方式核准通知书	2 份 2 页
（5）印花税征收方式申请表	2 份 2 页
（二）稽查文书	共 3 份 6 页，其中：
1. 税务稽查告知书及送达回证	1 份 3 页
2. 稽查通知书及送达回证	1 份 2 页
3. 监督卡送达回证	1 份 1 页

稽查人员签名：

稽查报告日期：

稽查科长签字：

_____税务局（稽查局）

税 务 处 理 决 定 书

_____ 税处〔 〕号

_____ :

我局（所）于 ____年___月___日至____年___月___日对你（单位）__
___年___月___日至 ____年____月___日_____
_____ 情况进行了检查，违法事实及处理决定如下：

一、违法事实

二、处理决定

限 _____（单位）自收到本决定书之日起_____日内到_____
____将上述税款及滞纳金缴纳入库，并按照规定进行相关账务调整。逾期未交清的，
将按照《中华人民共和国税收征收管理法》第四十条规定强制执行。

（单位）若同我局（所）在纳税上有争议，必须先依照本决定的期限缴纳税款及
滞纳金或者提供相应的担保，然后可自上述款项缴清或者提供相应担保被税务机关确
认之日起六十日内依法向_____申请行政复议。

税务机关（印章）

年   月   日

使用说明

1. 本决定书依据《中华人民共和国税收征收管理法》《中华人民共和国税收征收管理法实施细则》和《中华人民共和国行政复议法》第九条设置。

2. 适用范围：税务机关对各类税收违法行为依据有关税收法律、行政法规、规章作出处理决定时使用。

3. 本决定书应当包括如下内容：被处理对象名称、查证的违法事实及违法所属期间、处理依据、处理决定、作出处理决定的税务机关名称及印章、作出处理决定日期、处理决定文号、告知申请行政复议的时限、途径。

4. 本决定书的主体部分，必须抓住税收违法行为的主要事实，简明扼要地加以叙述，然后列举处理的依据，写明处理结论。若违法事实复杂，应当分类分项叙述。

5. 本决定书所援引的处理依据必须是税收及其他相关法律，行政法律或者规章，并应当注明文件名称、文号和有关条款。

6. "限你（单位）自本决定书送达之日起_____日内到_____将上述税款及滞纳金缴纳入库，并按照相关规定进行相关账务调整。逾期未缴清的，将按照《中华人民共和国税收征收管理法》第四十条规定强制执行。"其中强制执行措施仅限于对从事生产、经营的纳税人、扣缴义务人适用，对非从事生产、经营的纳税人、扣缴义务人可以申请人民法院强制执行。

7. 本决定书与《税务文书送达回证》一并使用。

8. 本决定书文号字轨设为"税处"。稽查局使用设为"税稽处"。

9. 本决定书为A4竖式，一式三份，一份送达纳税人、扣缴纳税人，一份送达扣缴义务人的征管部门，一份装入卷宗。

_____市场监督管理局
行政处罚决定书
___市监案字〔___〕___号

当事人：_____

当事人因他人举报投诉涉嫌_____，于___年___月___日被本局立案调查。

经查明：

违法事项调查说明：

以上事实有以下证据证实：

(1) 现场笔录___ 份，共___页，证明_____；

(2) 询问笔录___ 份，共___页，证明_____；

(3) 授权书___ 份，居民身份证___份，证明_____；

(4) 其他相关证据列举_____。

本局决定：

当事人在接到本处罚决定书之日起_____日内应将罚款缴至银行的_____财政局非税收入汇缴结算户，逾期不缴纳，每日按罚款数额的____加处罚款，加处罚款不超过应缴纳罚款额。

如不服本处罚决定，可在收到本处罚决定书之日起____日内向_____市场监督管理局或_____人民政府中请复议，也可在 6 个月内依法直接向_____人民法院提起诉讼。

_____市场监督管理局

年　　月　　日

行政处罚信息摘要

行政处罚决定书文号			
行政处罚当事人基本情况	个人	姓名（名称）	
		公民身份证号码	
	单位	名　　称	
		社会统一信用代码	
		法定代表人（负责人）姓名	
违法行为类型			
行政处罚内容			
作出行政处罚决定机关名称			
作出行政处罚决定日期			

社会保险稽核报告

稽核编号	
被稽核对象 的信息	
稽核人	
稽核所属时间	年　月　日至　　年　　月　　日
稽核实施时间	年　月　日至　　年　　月　　日
问题类型	稽核方式

一、被稽核对象基本情况：

二、稽核取证过程及违规或违法事实：

三、处理建议及依据：

四、其他说明事项：

经办人：

年　　月　　日

人力资源和社会保障局稽核整改意见书

社险稽改〔　　　〕　号

_____

_____：

　　我局于_____年_____月_____日至_____月_____日对你单位_____缴费年度有关社会保险参保缴费情况实施了实地稽核检查。根据《社会保险稽核办法》(原劳动和社会保障部令第16号) 第十条第五款规定，现提出如下意见：

　　针对上述整改意见，请你单位于十日内纠正违规行为，否则将根据《社会保险稽核办法》第十一条规定，提请人力资源和社会保障行政部门依法处罚。

_____年_____月_____日

_____

送达人：　　　　　　　　　　　　　接收人：

_____年_____月_____日　　　　　_____年_____月_____日

（一式二份：市社会保险事业管理局和被稽核单位各留存一份）

劳动保障监察行政处罚决定书

劳社监罚字〔____〕第____号

被行政处罚人：

（案由）

_____

（认定的事实和证据）

_____

_____

_____

_____

_____

你（单位）的行为违反了：

_____

_____

_____

根据（行政处罚依据）

_____

_____

决定给予你（单位）下列行政处理（行政处罚的种类，以及履行方式和期限）：

_____

_____

_____

_____

逾期不缴纳罚款的，依据《行政处罚法》第____条第（____）项规定，每日按罚款数额的3%加处罚款。如不服本处罚，可在收到本行政处罚决定书之日起60日内向_____人力资源和社会保障局申请行政复议，或者自收到本行政处理决定之日起3个月内向_____人民法院起诉（不服依据《社会保险费征缴暂行条例》作出的行政处罚决定，应当先申请行政复议，对行政复议不服的，再依法向人民法院提起行政诉讼），但不得停止执行本行政处理决定。逾期不申请行政复议也不向人民法院起诉，又不履行本行政处罚决定的，将依法申请人民法院强制执行。

人力资源和社会保障局

_____年____月____日

备注：本决定书一式两份，第一份留存劳动保障监察案卷，第二份交当事人。

采购合同执行情况表

制表部门：　　　　　　　　　　　　　　　　　　　　　　　　　　编制日期：　年　月　日

合同编号	合同总数	订单编号	供应商名称	物料编码	计量单位	订货日期	订货数量	单价	总金额	计划交期	计划付款	已到数量	入库数量	不合格数量	到货日期	应付金额	已付金额	实际付款	开票情况	开票时间	备注

采购部门经理：　　　　　　　　　　　　　　　　　　　　　　　　　采购员：

生产执行情况表

编制部门：

编制日期： 年 月 日

派工单号	产品名称	领料情况	开工数量	完工数量	开工日期	计划完工日期	完工日期	在产品数量	完工入库数量	完工入库日期	备注

车间管理员：

销售订单明细表

单位：元

购销合同编号	订单号	客户名称	产品名称	市场	数量	单位	单价	合同约定交货期	合同约定回款期	货款额

编制人：

编制日期： 年 月 日

说明：一式一联，销售部存

销售发货明细表

单据编号	销售订单号	客户名称	产品名称	数量	货款额（元）	合同约定交货期	合同约定回款期	实际发货数量（辆）	发票开具情况	回款额（元）

编制人：　　　　　　　　　　　　　　　　　编制日期：　　年　　月

固定资产登记簿

序号	固定资产编号	固定资产名称	规格型号	类别名称	购置日期	制造厂或商家	使用年限	计量单位	资产原值	累计折旧	净值	存放地点	使用部门	保管人	处置情况	
															时间	方式和金额

编制人：

编制日期：　　年　　月

应付职工薪酬科目明细表

部门名称	部门人数	应付职工薪酬——工资					应付职工薪酬——"五险一金"			应付职工薪酬总额
		实发工资	社会保险（个人）	住房公积金（个人）	应缴个人所得税	小计	社会保险	住房公积金	合计	
企管部										
人力资源部										
财务部										
采购部										
仓储部										
生产计划部										
计入管理费用工资										
营销部										
计入销售费用工资										
机加车间										
组装车间										
计入生产成本的工资										
合计										

"五险一金"核算表

序号	工号	姓名	基本工资	单位缴费							个人缴费							合计
				养老保险	医疗保险	失业保险	工伤保险	生育保险	五险小计	住房公积金	"五险一金"小计	养老保险	医疗保险	失业保险	工伤保险	生育保险	五险小计	住房公积金	"五险一金"小计	
合计																			

《企业仿真综合实验》
实训报告

院　系＿＿＿＿＿＿＿＿＿＿＿＿＿

专　业＿＿＿＿＿＿＿＿＿＿＿＿＿

班　级＿＿＿＿＿＿＿＿＿＿＿＿＿

姓　名＿＿＿＿＿＿＿＿＿＿＿＿＿

学　号＿＿＿＿＿＿＿＿＿＿＿＿＿

团　队＿＿＿＿＿＿＿＿＿＿＿＿＿

职　位＿＿＿＿＿＿＿＿＿＿＿＿＿

指导教师＿＿＿＿＿＿＿＿＿＿＿＿＿＿＿

实验目的

实验内容

实验体会（贡献与收获；发现的问题及解决情况；改进建议等）

签名（或盖章）　　　年　月　日

小组意见

建议成绩

CEO 签名（或盖章）　　　年　月　日

指导老师评价

成绩

指导教师签名（或盖章）　　　年　月　日

附录一

财务信息化

当今，网络技术和信息技术的高速发展，在企业运营中发挥着越来越重要的作用。特别是在企业财务管理过程中，通过信息化管理使财务信息更加完善健全，实现企业财务管理由于传统的会计核算方式，逐渐向信息集成方向发展，使企业发展符合现代化企业需求。为了更好地模拟当前企业实际应用的环境，实验中可以通过使用会计软件进行财务信息化实操模拟。这里需要强调的是，由于是企业仿真综合实训，所以暂时不涉及过多会计软件的复杂子系统，仅涉及账务处理子系统（总账模块）和报表子系统（报表模块），其他诸如固定资产模块、资金模块、进销存等这里暂不涉及。具体使用的实训软件，以柠檬云财务软件为例，其他财务软件基本大同小异，不再赘述。

柠檬云财务软件属于互联网时代的专业财务软件系统，采用阿里云服务器，云端存储账套数据，全方位保障数据安全使用，并提供 PC 端和 App 端的操作界面，方便用户使用。

柠檬云财务软件的注册和登录操作步骤：打开柠檬云财税网站，点击右上角"注册"按钮使用微信或手机号进行注册；点击右上角"登录"按钮使用微信扫码或手机号进行登录。也可以用手机或平板下载柠檬云记账 App，打开 App 进行注册或者登录。

一、系统初始化

系统初始化主要包括账套的建立、会计科目的设置和期初余额录入。

（一）账套建立

1. 账套建立

账套是指财务信息化软件中建立的一套完整的电子账簿数据体系。通常账套和独立核算的企业是一一对应的。

（1）登录柠檬云财税网站，点击页面左侧主菜单"设置"按钮中的"账套"。

（2）点击"新建账套"，参考实验平台中具体企业参数设置，输入账套基础信息，例如：

账套名称：宝乐童车制造有限公司

统一社会信用代码：110108809018632001

行业：生产—加工—制造

增值税种类：一般纳税人

账套启用年月：2020 年 1 月

会计准则：企业会计准则

为方便实习模拟，固定资产模块、资金模块、进销存都不启用，凭证审核功能也不启用，在实际工作中应根据实际情况选择是否启用相关模块。

完成输入后，相关内容如附图 1-1 所示。

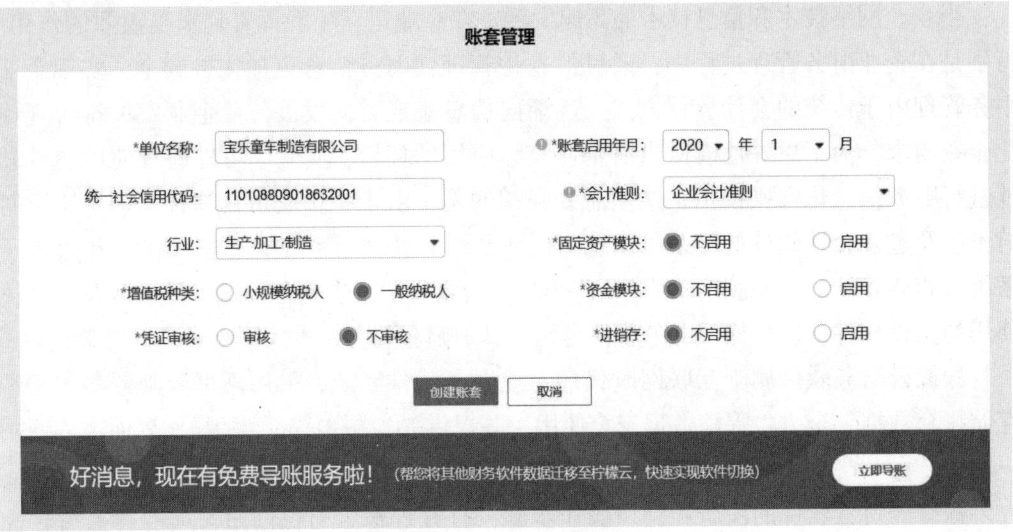

附图 1-1 建立账套

（3）点击"创建账套"保存账套信息。

2. 首页功能

建立账套后，点击页面左侧主菜单"首页"按钮进入系统操作主界面，如附图 1-2 所示。

（1）主菜单，包括凭证、发票、工资、期末结转、账簿、报表、一键报税和设置等主功能。

（2）常用功能，包括查看凭证、科目余额表、资产负债表、利润表。

（3）新增凭证，根据实际发生业务填写记账凭证。

（4）显示当前期间的财务指标，包括货币资金、应收账款、存货、固定资产、应付账款、综合税负率、应交税费、营业收入、利润额、净利率等财务指标。

附图 1-2　首页

（二）会计科目设置

在建立账套后，需要进行一些初始化的设置，主要包括会计科目、辅助核算、期初余额等的设置。

1. 会计科目设置

会计科目设置主要是指根据企业实际情况设置明细科目的过程，参考实验平台中具体企业科目余额表设置相关明细科目。

（1）点击左侧主菜单"设置"按钮中的"科目"，进入科目管理界面。

（2）添加科目：点击右上"新增科目"按钮，可以添加新的一级科目，如果点击某一级科目后边的"新增"按钮，则可以新增该科目下的二级科目。例如，新增"钢管"二级科目如附图 1-3 所示。

附图 1-3　新增"钢管"二级科目

注意：

● 点击科目表上的"编码设置"按钮，可以对科目编码设置进行修改。

● 系统默认科目编码长度为 4-3-2-2。

（3）编辑科目：点击科目后面的"编辑"按钮，可以编辑科目，设置数量核算、辅助核算、外币核算。为了简化核算过程，这里仅对存货类原材料、库存商品的明细科目设置数量核算，即设置该存货对应的计量单位，对于辅助核算和外币核算不再使用，对于辅助核算涉及的职员、部门、客户、供应商等全部按二级科目来反映。

注意：

● 系统默认的科目包含了必需的所有一级科目，系统默认已有的科目不允许编辑、删除，而用户手工增加的科目可以修改、删除。

● 新增的科目如果已经使用（如已有期初数据，已在凭证上使用，有下级科目等），该科目不允许删除，其他新增的末级科目可以删除。

（4）导入、导出科目：点击右上角的"导入"和"导出"功能按钮实现导入和导出操作。导出指把当前企业的科目信息导出为本地 Excel 文件；导入则可以下载模板，参照模板的格式维护科目后导入系统。

2. 期初余额录入

期初余额录入主要是指录入会计科目对应的月初余额和相关的辅助核算信息，参考实验平台中具体企业科目余额表录入企业期初余额信息。

（1）点击左侧主菜单"设置"按钮中的"期初"，进入期初设置主界面。

（2）涉及数量核算的科目，录入数量和期初余额（数量默认保留四位小数），如附图 1-4 所示。

期初设置

科目编码	科目名称	方向	期初余额	借方累计	贷方累计	年初余额
1001	库存现金	借	20,000.00			20,000.00
1002	银行存款	借	10,000,000.00			10,000,000.00
1002001	工行存款	借	10,000,000.00			10,000,000.00
1012	其他货币资金	借				
1101	交易性金融资产	借				
1121	应收票据	借				
1122	应收账款	借				
1122001	宝乐童车	借				
1122002	小精灵童车	借				

附图 1-4　录入期初余额

（3）期初录入完后，点击"试算平衡"按钮，查看期初数据是否借贷相等，检查是否录入正确。

注意：

● 期初余额的数据是上月的期末余额。若是在 1 月创建账套，那么将上一年 12 月底的期末余额录入 1 月的"期初余额"中；若是在非 1 月创建账套，那么根据实际情况录入"期初余额""借方累计"和"贷方累计"，系统会根据这三项金额自动计算得出数据。

● 如果科目设置了数量核算，录入凭证时可以输入数量和单价。

● 如果录入科目不是末级科目是不允许录入的，只有末级科目才允许录入。

● 期初余额和借贷方累计发生额的录入准确性关系到期末资产负债表的平衡与利润表的准确性。

3. 备份与恢复

备份指对财务信息化软件操作的账套数据进行复制保存，恢复指对之前备份的账套数据进行还原覆盖。

（1）备份数据：点击左侧主菜单"设置"按钮中的"备份恢复"，点击"开始备份"即可进行账套的备份。

（2）恢复数据：点击左侧主菜单"设置"按钮中的"备份恢复"，点击列表中的备份数据包所对应的"恢复"按钮，可以恢复之前的备份。

4. 权限设置

通常一个账套由多个财务人员共同维护，权限包括账套管理员、主管、制单人、出纳、查看等。

点击左侧主菜单"设置"按钮中的"权限设置"，进入权限设置操作界面，如附图 1-5 所示。可查看当前账套所有用户的权限，而且可以新增成员，编辑、删除账套权限和移交账套。

附图 1-5　权限设置

二、记账凭证管理

在财务信息化软件中，可以通过账务处理子系统（总账模块）凭证管理，对日常业务记账凭证进行录入、审核及打印，以及部分期末业务记账凭证的自动生成等。

（一）日常业务

1. 记账凭证录入

记账凭证的录入是指按照经济业务实际发生情况录入对应的财务记账凭证，以"企管部借款"业务为例。

点击左侧主菜单"凭证"按钮中的"新增凭证"，进入记账凭证主界面，可进行记账凭证的输入。选择凭字号、日期，输入附单据张数、摘要、会计科目、借方金额、贷方金额，还可以在左下角修改制单人姓名，如附图1-6所示。

附图1-6　新增凭证

注意：
- 摘要具有自动生成功能，当输入完第一行的借方金额时回车，即可自动生成下一行的摘要信息。
- 会计科目的输入有三种方法：输入科目名称的关键字、输入科目编码、输入科目的助记码。
- 凭证号，由系统自动生成，并根据新增凭证依次递增。
- 凭证日期，由系统自动生成，默认日期为系统最新启用账期的期末日期。

2. 记账凭证查询、修改、删除和打印

记账凭证录入后，可以进行查询、修改、删除和打印等操作。

点击左侧主菜单"凭证"按钮中的"查看凭证"，进入凭证列表界面，可以查看当期所有凭证。把鼠标移动到相应凭证上会出现"修改""复制""删除""插入""红冲"和"打印"等功能按钮，点击对应按钮可以执行相应的操作，如附图1-7所示。

附图1-7　凭证列表

注意：

● 已经结账的期间内的凭证不允许修改或删除，若需要修改数据，要先做反结账的操作。

● 已经审核的凭证不允许修改或删除，若需要修改数据，要先做取消审核的操作。

● 点击"打印"，可以打印当前期间的所有凭证记录或者选中的所有凭证记录。

● 当删除当前期间的一张或几张凭证时，会出现凭证断号的情况，点击右上角"整理凭证"可重新进行编号。

（二）期末业务

期末业务主要指的是企业期末自动结转凭证的生成和结账操作。财务信息化软件提供了自动生成期末结转凭证和结账的功能，一般包括税费计提、损益结转等凭证。

1. 自动结转凭证生成

自动结转凭证的生成一般包括结转成本、计提费用、计提结转税金等业务，由于是企业仿真综合实验，所以这里简化处理，仅涉及期间损益结转、所得税费用计提结转等业务的自动结转凭证，具体参考实验平台中相关企业销售成本核算、期末账务处理等业务。

（1）点击左侧主菜单"期末结转"按钮，打开期末结转的界面，如附图 1-8 所示。

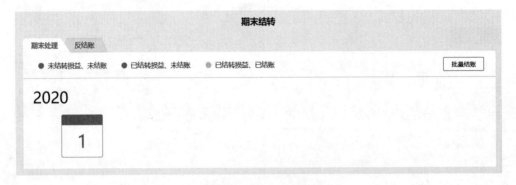

附图 1-8　期末结转界面

注意：

期末结转的会计期间显示不同颜色，代表不同的状态：绿色代表未结转损益、未结账；蓝色代表已结转损益、未结账；灰色代表已结转损益、已结账。

（2）选择结账的期间，进入"第 1 步期末检查"，即期末自动结转凭证的检查和生成界面，可以根据实际情况有选择地生成期末凭证。对于已经生成凭证，可以直接点击"查看凭证"看其是否准确，如附图 1-9 所示。

附图 1-9　期末检查界面

（3）点击"下一步"按钮，进入"第2步结转损益"，界面显示结转损益的凭证，检查凭证是否准确，如附图1-10所示。

附图 1-10　结转损益界面

2. 结账

结账指结束当期的会计核算工作，转入下一个会计期间的过程。一般来说每个期间只能结账一次，而且结账前需要进行对账，以检查系统内部各子系统数据是否一致。完成当月所有的业务后，可以进行期末结账的操作。

在结转损益界面，点击"下一步"按钮，进入结账界面，如附图1-11所示。结账检查完成后，点击"结账"按钮，本期间结账完成，自动启用下一个期间。

附图 1-11　结账界面

注意：

● 结账期间的凭证不能存在断号，如果当期存在断号，可以点击"查看"按钮查看凭证，也可以点击"一键整理断号"按钮，重新编排凭证号。

● 已经结账的期间内的凭证不允许修改或删除，若需要修改数据，要先进行反结账的操作。点击"反结账"选项卡，选择需要反结账的期间，点击"确定"按钮。

三、会计报表管理

在财务信息化系统中，提供了"资产负债表""利润表""现金流量表""纳税统计表""财务概要信息"等会计报表。由于是企业仿真综合实训，这里仅涉及资产负债表和利润表的生成和打印。

(一) 资产负债表生成与打印

点击左侧主菜单"报表"按钮中的"资产负债表"，即可自动生成当期的资产负债表，如附图 1-12 所示。点击左上角的"当期会计期间"按钮，可选择会计期间参数，自动生成不同期间的资产负债表；点击右上角的"打印"按钮可以进行资产负债表的打印。

资产负债表

资产	行次	期末余额	年初余额	负债和所有者权益	行次	期末余额	年初余额
流动资产：				**流动负债：**			
货币资金	1	10,573,544.92	10,020,000.00	短期借款	32		
以公允价值计量且其变动计入当期	2			以公允价值计量且其变动计入当期	33		
应收票据	3			应付票据	34		
应收账款	4			应付账款	35		
预付账款	5			预收款项	36		
应收利息	6			应付职工薪酬	37	331,643.00	377,275.50
应收股利	7			应交税费	38	207,697.17	170,495.58
其他应收款	8	1,500.00		应付利息	39		
存货	9	9,423,931.44	9,372,348.00	应付股利	40		
一年内到期的非流动资产	10			其他应付款	41		
其他流动资产	11			一年内到期的非流动负债	42		
流动资产合计	12	19,998,976.36	19,392,348.00	其他流动负债	43		
				流动负债合计	44	539,340.17	547,771.08
非流动资产：				**非流动负债：**			
可供出售金融资产	13			长期借款	45		

附图 1-12　资产负债表

注意：

● "资产负债表"中，在未结账前允许用户自定义报表公式，当鼠标移动到表中科目时，会出现"编辑公式"按钮，点击该按钮可以进入编辑公式界面。

● "资产负债表"中，鼠标移动到表中科目对应的金额列时，出现 ⊖ 图标，点击图标，可以查看对应公式。

● "资产负债表"中，显示红色的数据表示"该科目数据是负数，应当注意"。

● "资产负债表"不平衡，系统会提示用户检查本期是否结转损益。"资产负债表"不平衡的原因：期初余额试算不平衡；本期未结转损益；本期结转损益后，又新增凭证，导致损益类科目余额未结平。

(二) 利润表生成与打印

点击左侧主菜单"报表"按钮中的"利润表"，即可自动生成当期的利润表，如附图 1-13 所示；点击右上角的"打印"按钮可以进行利润表的打印。

利润表

项目	行次	本年累计金额	本期金额
一、营业收入	1	4,219,096.32	4,219,096.32
减：营业成本	2	3,502,998.24	3,502,998.24
税金及附加	3		
销售费用	4	325.00	325.00
管理费用	5	222,313.81	222,313.81
财务费用	6		
资产减值损失	7		
加：公允价值变动收益（损失以"-"号填列）	8		
投资收益（损失以"-"号填列）	9		
其中：对联营企业和合营企业的投资收益	10		
二、营业利润（亏损以"-"号填列）	11	493,459.27	493,459.27
加：营业外收入	12		
其中：非流动资产处置利得	13		
减：营业外支出	14		
其中：非流动资产处置损失	15		
三、利润总额（亏损总额以"-"号填列）	16	493,459.27	493,459.27

附图 1-13　利润表

注意：

● "利润表"中，在未结账前允许用户自定义报表公式，当鼠标移动到表中科目时，会出现"编辑公式"按钮，点击该按钮可以编辑表中公式。

● "利润表"中，鼠标移动到表中科目对应的金额列时，出现 ⊖ 图标，点击图标，可以查看对应公式。

四、会计账簿管理

在财务信息化系统中，可以查看"明细账""总账""科目余额表""科目汇总表""序时账""核算项目明细账""核算项目余额表""多栏账"等账簿。

(一) 科目余额表生成与打印

点击左侧主菜单"账簿"按钮中的"科目余额表"，可自动生成科目余额表，如附图1-14所示。点击左上角的"当期会计期间"按钮可以进行科目余额表显示参数选择。点击右上角的"打印"按钮可以进行科目余额表的打印。

科目余额表

2020年1~2月▾   ☐ 显示本年累计 ☐ 显示数量金额   打印   导出

科目：所有

科目编码	科目名称	期初余额		本期发生额		期末余额	
		借方	贷方	借方	贷方	借方	贷方
1001	库存现金	20,000.00			1,500.00	18,500.00	
1002	银行存款	10,000,000.00		4,849,536.00	4,294,491.08	10,555,044.92	
100201	工行存款	10,000,000.00		4,849,536.00	4,294,491.08	10,555,044.92	
1122	应收账款			4,849,536.00	4,849,536.00		
112201	华晨			1,212,384.00	1,212,384.00		
112202	旭日			1,212,384.00	1,212,384.00		
112203	仁和			1,212,384.00	1,212,384.00		
112204	天府			1,212,384.00	1,212,384.00		
1221	其他应收款			1,500.00		1,500.00	
122102	备用金			1,500.00		1,500.00	
1403	原材料	3,415,824.00		3,251,170.16	3,141,600.00	3,525,394.16	
140301	钢管	1,136,160.00		1,065,123.96	1,038,432.00	1,162,851.96	
140302	坐垫	432,972.00		424,557.56	397,680.00	459,849.56	

附图1-14　科目余额表

注意：

● "科目余额表"中，点击相应的科目名称，会跳转到对应的明细账。

● "科目余额表"中，期末余额一列中显示红色的数据表示"该科目的期末余额与科目默认的方向不一致，应当注意"。

(二) 明细账生成与打印

1. 三栏式明细账生成与打印

点击左侧主菜单"账簿"按钮中的"明细账"，可自动生成三栏式明细账，如附

图 1-15 所示。点击左上角的"当期会计期间"按钮可以进行三栏式明细账显示参数选择。点击右上角的"打印"按钮可以进行当前三栏式明细账的打印。

附图 1-15　三栏式明细账

注意：

● "明细账"中，点击右列相应的科目名称，可以快速切换科目的明细账；点击"凭证字号"可跳转到对应的凭证，并对凭证进行修改保存操作。

● "明细账"中，点击右上角"连续打印"功能按钮可以打印所有科目的明细账。

2. 数量金额式明细账生成与打印

数量金额式明细账的生成与三栏式明细账类似，点击左侧主菜单"账簿"按钮中的"明细账"，选择设置了数量辅助核算的科目，勾选右上角"显示数量金额"复选框，就可以查看对应科目的数量金额式明细账，如附图 1-16 所示。通过借方发生额可以了解材料采购、产品入库的情况，通过贷方发生额可以了解材料消耗以及产品销售的情况，余额就是库存结余的情况。点击右上角的"打印"按钮可以进行当前数量金额式明细账的打印。

3. 多栏式明细账生成与打印

多栏式明细账也属于明细账的一种，但多栏式明细账需要先进行参数的选择，即需要设定账簿的格式。

首先点击左侧主菜单"账簿"按钮中的"多栏账"，然后进行多栏式明细账参数的选择，点击左上角的"当期会计期间"按钮，选择会计科目和对应的参数选项，点

附图1-16 数量金额式明细账

击"确定"按钮，即可自动生成对应的多栏式明细账，如附图1-17所示。点击右上角的"打印"按钮可以进行当前多栏式明细账的打印。

附图1-17 多栏式明细账

（三）总账生成与打印

总账，即总分类账。总账的生成与多栏账类似，也应该先进行参数的选择。

首先点击左侧主菜单"账簿"按钮中的"总账"，然后进行总账参数的选择，点击左上角的"当期会计期间"按钮，选择科目级别为 1 至 1，点击"确定"按钮即可自动生成对应的总账，如附图 1-18 所示。点击右上角的"打印"按钮可以进行总账的打印。

总账

科目编码	科目名称	期间	摘要	借方金额	贷方金额	方向	余额
▼ 库存现金							
1001	库存现金	2020年1月	期初余额			借	20,000.00
1001	库存现金	2020年1月	本期合计		500.00	借	19,500.00
1001	库存现金	2020年1月	本年累计		500.00	借	19,500.00
▼ 银行存款							
1002	银行存款	2020年1月	期初余额			借	10,000,000.00
1002	银行存款	2020年1月	本期合计	4,849,536.00	4,294,491.08	借	10,555,044.92
1002	银行存款	2020年1月	本年累计	4,849,536.00	4,294,491.08	借	10,555,044.92
▼ 应收账款							
1122	应收账款	2020年1月	期初余额			平	
1122	应收账款	2020年1月	本期合计	4,849,536.00	4,849,536.00	平	
1122	应收账款	2020年1月	本年累计	4,849,536.00	4,849,536.00	平	

附图 1-18　总账

注意：
● "总账"中点击相应的科目名称，会跳转到对应的明细账。
关于柠檬云财务软件更详细的使用，可参考官方网站的"帮助中心"和"学习中心"。

附录二

任务索引表

序号	任务名称	对应页码
1	zjBI003 制定战略及计划（工贸企业）	125
2	zjBI008 经营分析与总结（工贸企业）	125
3	TSB1 签订社保公积金同城委托收款协议（工贸企业）	222
4	TSS1 签订税务同城委托收款协议（工贸企业）	224
5	TGZ1 签订代发工资协议（工贸企业）	227
6	TKK1 批量办理个人银行卡（工贸企业）	227
7	TJK1 企管部借款（工贸企业）	122
8	TXC1 核算薪酬（工贸企业）	122
9	TXC2 发放薪酬（工贸企业）	228
10	TWX1 扣缴五险一金（工贸企业）	224
11	TGS1 申报个人所得税（工贸企业）	225
12	TGS2 缴纳个人所得税（工贸企业）	226
13	TZZ1 申报企业增值税（工贸企业）	227
14	TZZ2 缴纳企业增值税（工贸企业）	227
15	TZZ3 认证增值税抵扣联（工贸企业）	227
16	TZP1 购买支票（工贸企业）	228
17	TFP1 申领增值税发票（工贸企业）	225
18	TDK1 申请抵押贷款（工贸企业）	228
19	TDK2 签订抵押贷款合同并放款（工贸企业）	229
20	TDK3 贷款还款（工贸企业）	230
21	TCK1 购买仓库（工贸企业）	230
22	TCK2 支付购买仓库款（工贸企业）	230
23	TCG1 下达采购订单（工贸企业）	129
24	TCG2 支付虚拟工贸企业货款（工贸企业）	129
25	TCG3 到货并办理入库（工贸企业）	131
26	TZJ1 计提折旧（工贸企业）	123
27	TCH1 存货核算（工贸企业）	124
28	TQM1 期末账务处理（工贸企业）	125
29	TZC1 编制资产负债表（工贸企业）	125

序号	任务名称	对应页码
30	TLR1 编制利润表（工贸企业）	125
31	zjBI001 制订战略及计划（制造业）	121
32	zjBI006 经营分析与总结（制造业）	121
33	MSB1 签订社保公积金同城委托收款协议（制造业）	183
34	MSS1 签订税务同城委托收款协议（制造业）	186
35	MGZ1 签订代发工资协议（制造业）	193
36	MYS1 与制造业签订运输合同（物流）	192
37	MYS2 与物流公司签订运输合同（制造业）	193
38	MKK1 批量办理个人银行卡（制造业）	194
39	MJK1 企管部借款（制造业）	107
40	MXC1 核算薪酬（制造业）	113
41	MXC2 发放薪酬（制造业）	195
42	MWX1 扣缴五险一金（制造业）	185
43	MGS1 申报个人所得税（制造业）	187
44	MGS2 缴纳个人所得税（制造业）	188
45	MZZ1 申报企业增值税（制造业）	189
46	MZZ2 缴纳企业增值税（制造业）	190
47	MZZ3 认证增值税抵扣联（制造业）	191
48	MZP1 购买支票（制造业）	195
49	MFP1 申领增值税发票（制造业）	187
50	MDK1 申请抵押贷款（制造业）	197
51	MDK2 签订抵押贷款合同并放款（制造业）	198
52	MDK3 贷款还款（制造业）	198
53	MCC1 办理 CCC 认证（制造业）	207
54	MCC2 支付 CCC 认证款（制造业）	208
55	MCK1 购买仓库（制造业）	219
56	MCK2 支付购买仓库款（制造业）	220
57	MCF1 购买厂房（制造业）	217
58	MCF2 支付购买厂房款（制造业）	218
59	MJL1 购买设备（制造业）	211
60	MJL2 支付设备购买款（制造业）	212

序号	任务名称	对应页码
92	MSC5 派工领料-童车（制造业）	111
93	MSC6 车架完工入库（制造业）	112
94	MSC7 整车完工入库（制造业）	112
95	MJD1 申请和办理市场开拓（制造业）	170
96	MJD2 收到市场开拓费发票（制造业）	171
97	MJD3 支付市场开拓费（制造业）	172
98	MJD4 申请和办理广告投放（制造业）	173
99	MJD5 收到广告费发票（制造业）	174
100	MJD6 支付广告投放费用（制造业）	175
101	MJD7 查看虚拟销售订单（制造业）	176
102	MJD8 组织制造业竞单（服务公司）	176
103	MJD9 查看竞单结果（制造业）	177
104	MJD10 给虚拟经销商发货（制造业）	177
105	MJD11 给虚拟经销商办理出库并开发票（制造业）	178
106	MJD12 收到虚拟经销商货款（制造业）	179
107	MSD1 报送车间电费并收到服务公司的发票（制造业）	209
108	MSD2 支付车间电费（制造业）	210
109	MZJ1 计提折旧（制造业）	114
110	MCH1 销售成本核算（制造业）	117
111	MCB1 成本核算（制造业）	115
112	MQM1 期末账务处理（制造业）	118
113	MZC1 编制资产负债表（制造业）	120
114	MLR1 编制利润表（制造业）	120
115	zjBI002 制定战略及计划（经销商）	127
116	zjBI007 经营分析与总结（经销商）	128
117	DSB1 签订社保公积金同城委托收款协议（经销商）	231
118	DSS1 签订税务同城委托收款协议（经销商）	231
119	DGZ1 签订代发工资协议（经销商）	233
120	DYS1 与经销商签订运输合同（物流）	233
121	DYS2 与物流公司签订运输合同（经销商）	233
122	DKK1 批量办理个人银行卡（经销商）	233

续表

序号	任务名称	对应页码
123	DJK1 企管部借款（经销商）	126
124	DXC1 核算薪酬（经销商）	126
125	DXC2 发放薪酬（经销商）	233
126	DWX1 扣缴五险一金（经销商）	231
127	DGS1 申报个人所得税（经销商）	232
128	DGS2 缴纳个人所得税（经销商）	232
129	DZZ1 申报企业增值税（经销商）	232
130	DZZ2 缴纳企业增值税（经销商）	232
131	DZZ3 认证增值税抵扣联（经销商）	233
132	DZP1 购买支票（经销商）	234
133	DFP1 申领增值税发票（经销商）	232
134	DDK1 申请抵押贷款（经销商）	234
135	DDK2 签订抵押贷款合同并放款（经销商）	234
136	DDK3 贷款还款（经销商）	234
137	DCK1 购买仓库（经销商）	234
138	DCK2 支付购买仓库款（经销商）	234
139	DCG1 与制造业签订购销合同（经销商）	145
140	DCG2 与经销商签定购销合同（制造业）	146
141	DCG3 录入采购订单（经销商）	147
142	DCG4 确认经销商的采购订单（制造业）	148
143	DCG5 下达发货通知给经销商（制造业）	148
144	DCG6 接到发货单（经销商）	149
145	DCG7 向物流下达运输订单（经销商）	149
146	DCG8 受理经销商运输订单（物流）	150
147	DCG9 去制造业取货并开发票（物流）	150
148	DCG10 给经销商办理出库及开票（制造业）	151
149	DCG11 装车发运给经销商（物流）	152
150	DCG12 送货到经销商（物流）	153
151	DCG13 到货并办理入库（经销商）	153
152	DCG14 收到运费发票并支付（经销商）	154
153	DCG15 收到制造业发票并支付（经销商）	156

序号	任务名称	对应页码
154	DCG16 收到经销商运费业务回单（物流）	157
155	DCG17 收到经销商货款银行回单（制造业）	157
156	DYX1 申请和办理市场开拓（经销商）	159
157	DYX2 收到市场开拓费发票（经销商）	160
158	DYX3 支付市场开拓费（经销商）	161
159	DYX4 申请和办理广告投放（经销商）	162
160	DYX5 收到广告费发票（经销商）	163
161	DYX6 支付广告投放费用（经销商）	164
162	DYX7 查看虚拟销售订单（经销商）	165
163	DYX8 组织经销商竞单（服务公司）	165
164	DYX9 查看竞单结果（经销商）	166
165	DYX10 给虚拟经销商发货（经销商）	166
166	DYX11 给虚拟经销商办理出库并开发票（经销商）	167
167	DYX12 收到虚拟经销商货款（经销商）	168
168	DZJ1 计提折旧（经销商）	126
169	DCH1 存货核算（经销商）	126
170	DQM1 期末账务处理（经销商）	127
171	DZC1 编制资产负债表（经销商）	127
172	DLR1 编制利润表（经销商）	127
173	zj90052 税务检查制度和奖惩机制的制定（税务局）	略
174	zj90053 税务稽查（税务局）	225
175	zj90062 市场监督管理检查（市监局）	181
176	zj90063 商标制作及注册（制造业）	181
177	zj90064 商标制作及注册（商贸企业）	230
178	zj90065 商标制作及注册（工贸企业）	222
179	zj90066 商标制作及注册（物流）	略
180	zj90067 商标制作及注册（服务公司）	略
181	zj90068 企业年度报告公示（制造业）	182
182	zj90069 企业年度报告公示（经销商）	230
183	zj90070 企业年度报告公示（工贸企业）	222
184	zj90071 企业年度报告公示（物流）	略

续表

序号	任务名称	对应页码
185	zj90072 企业年度报告公示（服务公司）	略
186	zj90092 下达社保稽查通知书（人社局）	183
187	zj90093 社保稽查（人社局）	184
188	zj90094 行政处罚（人社局）	184
189	zj90098 就业指导-职业规划（人社局）	略
190	zj90099 就业指导-简历制作（人社局）	略
191	zj90100 就业指导-面试技巧（人社局）	略

附录三

教材辅助网

为了更好地开展教学，本教材通过建立相关教学网站，提供丰富的学习资料，包括最新的数据更新、扩展知识介绍、教学课件、教学视频和操作视频等教学资源。

读者可通过访问网址，或扫描二维码进行学习。

网　　址：

http://vsim. huel. edu. cn:8038

二维码：